障害者のリアル×東大生のリアル

「障害者のリアルに迫る」東大ゼミ 著

野澤 和弘 編著

Real

ぶどう社

プロローグ――私のいない未来へ

東京大学ってなんかおかしい、そう感じ始めたのは入学したばかりのころだったと思う。

東大では、四月初めに新入生向けのサークルオリエンテーションがある。様々なサークルや部活動が教室にブースを出し、新入生に説明をする。人だかりができるのはテニスサークルや国際系の学生団体が集まる教室だ。

長い受験勉強の末に東京大学に合格した新入生は、後から思い返すと恥ずかしいくらい全能感に満ちあふれていて、そのうちの一定数は国際系学生団体に集まってくる。世界の深刻な貧困や紛争問題に心を痛め、英語でバリバリ議論することや、「グローバル」「国際」といった言葉の持つかっこよさに無意識のうちに惹かれるのだ。まるで人気が少なくて、がらんとしていたのは、福祉系のサークルが集う教室だった。

私にはダウン症という知的障害のある六つ下の弟がいて、なんとなく福祉系サークルが気になり、のぞいてみた。手話を学ぶサークル、点字を学ぶサークル、脳性麻痺の人の介護のボランティアをするサークル……どれもしっくりこなかった。私はなんだか息苦しくなってその教室を立ち去ってしまった。

アフリカの貧困を考えるのは大人気で、国内の障害者のことを考えるのは不人気なのはなぜなのか。きっとそれは差別とかではなく、障害のある人たちの抱える大変さに無関心なわけでもないと思う。「障害のある人を差別してはいけない」「障害のある人に対して配慮やサポートをしなければならない」という絶対命題に辟易《へきえき》し、無意識のうちに腫れ物のように遠ざけてしまっているからではないだろうか。

そしてもう一つ。東大生には、「福祉＝自分たちが関わる分野ではない」といった意識があるのだろう。福祉分野で活躍してもかっこいいとは思わない。知的好奇心をかきたてられる分野でもない。

身近なところにいる障害者を敬遠し、アフリカの貧困に飛びつく学生が多いということに対して、悲しいとか心が痛むとかは思わなかったが、もうこういう空気を感じるの嫌だ、とても嫌だと思った。なぜ、「障害」という言葉や存在は人々から敬遠されなければいけないのだろう。なんで腫れ物のように扱われなければいけないんだろう。

東大生たちが障害者に目を向けるようになったら。「福祉」系のサークルが集まる教室が、柔軟な頭と高い感受性と強い意志をもった新入生であふれたら……。東大で障害者問題をメジャー化しよう、そう思った。

この文章を書いたのは、矢島歩さんという東京大学経済学部に在籍していた学生だ。

二〇一三年十月、矢島さんから「学生の自主ゼミをやるので、担当教官になってもらえませんか」というメールをもらった。

学生が自主運営するゼミがあって、彼らは「障害者のリアルに迫る」というテーマでゼミをやりたいのだという。障害者本人や障害者問題に関わっている人を毎回ゲスト講師として招き、ただ話を聞くだけではなく、学生たちと討論する。制度や歴史や支援論のようなものではなく、実物の障害者にふれて、学生たちの感性を刺激してみたいという。どんな学生がゼミに集まるかは始めてみないとわからない。集まるかどうかもわからないという。でも、なんだかおもしろそうなので、「はい。いいよ」とすぐに承諾した。

それから四月のゼミ開講まで何度かビールを飲みながら打ち合わせをしたが、なかなかゲストの人選が決まらない。「リアル」の定義をめぐって学生らの間で意見の食い違いがあり議論を重ねているのだという。遠方から招く講師の交通費などもなかったが、これは郵便不正の冤罪事件をきっかけに設立された村木厚子さん（前厚生労働事務次官）の「共生社会を創る愛の基金」から助成金を得てまかなうことができた。

結局、ディスレクシアという学習障害の当事者の南雲明彦さんが一回目。三十五年間入所施設で暮らした知的障害者の米田光晴さんが二回目。自閉症の川崎市職員、明石徹之さんと母親の洋子さんが三回目。その後も「五体不満足」の乙武洋匡さんらが決まった。

駒場キャンパスの教室で毎週木曜日午後、一・二年生を中心に二十～三十人の学生たちが集まった。担当講師である私は初めのガイダンスと全十三回のゼミの中ほどで一回講義をしたほかは、ゲストの紹介や補足説明をしたくらいで、ほとんどは四年生の四人がゲストとの交渉や打ち合わせ、ゼミの運営を行った。

どの回も刺激に満ちた講義と討論が行われた。目の前の障害当事者に学生たちは戸惑い、それでも東大生ならではの知性の片鱗を感じさせる質問や意見もあり、毎回あっという間に一時間半が過ぎた。ゼミの後は渋谷の安い居酒屋に繰り出し、ゲスト講師を囲んで深夜まで語り合った。

決してノリがいいとは言えないが、まじめでおとなしくて群れない東大生たちだった。もちろん人生経験は浅く幼いところはあるが、とことん考え続けることをいとわず、次回ゼミの打ち合わせ状況を午前四時過ぎにメールで送ってきたりもする。脳の機能が良いだけではなく、脳みその体力がある。「障害者のリアルに迫り、東大生の既成概念をぶち壊そう」。四年生たちとそんなことを夢中になって話し合った。

それなりの手応えと充実感はあったが、若い学生たちの知性と感性をどこまで震わせることができたのか、学生たちの中に何かを残すことができたのかよくわからないまま、あっという間に計十三回のゼミは終わった。

学生たちとは実によく話し、よく酒を飲んだ。矢島さんは翌年春に卒業した。ゼミのコンセプトをめぐって矢島さんと熾烈《しれつ》な議論をかわしていた大森創君も無事に社会人となって巣立って行った。ふたりは感謝の気持ちだといって、東京・千鳥ヶ淵のサクラが満開の夜、私に洒落た盃をプレゼントしてくれた。私にとっては生涯忘れられない思い出となった。と思っていたのだが、そこから物語がまた始まる。

ゼミを受講した二年生の佐藤万理さん、澤田航君、御代田太一君の三人が先輩たちの思いを引き継いで次年度もゼミを行うというのである。四年生が何度も話し合いを重ねて試行錯誤でゼミの内容を組み立てた前年と比べ、決して十分な準備ができたとは言えなかった。ゼミ開講前の大事な時期に佐藤さんは台湾へ勉強に行ってしまい、澤田君は演劇サークルの稽古に忙殺されていた。前年のゼミの後半から参加した御代田君がよくわからないままゼミ生募集の文章を考え、チラシを作成した。不安でいっぱいのスタートだ。

「どのくらい学生は来てくれるでしょうね」、「十人くらいは来てくれるといいね」。二〇一五年度の「障害者のリアルに迫る」東大ゼミの初日、御代田君とふたりで心細い会話をしながら教室の前で待っていると、新一年生が緊張した面持ちでやってきた。二年生の女子が教室を探している。ゼミが始まったころには三十四人の学生が教室を埋めた。

初回のガイダンスの後、佐藤さん、澤田君を加えた事務局の三人と例の安い居酒屋に行って祝杯を上げた。後輩たちのことが心配だったのだろう、前年にゼミを立ち上げた矢島さんも就職先から駆けつけてきた。三十四人という参加者数に矢島さんは驚き、「この一週間で受けた授業の中で一番おもしろかった」という受講生のレポートを読んで、ちょっと悔しそうだった。

翌週はさらに受講生が増え、四十人以上の学生たちが教室にやってきた。前年に勝るとも劣らない魅力的なゲスト講師を揃えることができた。若い感性が震える音が聞こえてきそうなスリリングなゼミとなった。

二〇一五年度の「障害者のリアルに迫る東大ゼミ」は、次のような講師陣で行われた。

第1回　ガイダンス
第2回　南雲明彦さん（ディスレクシアという学習障害の当事者）
第3回　牧野賢一さん
　＋罪に問われた障害当事者二名
第4回　熊谷晋一郎さん（脳性まひで車いすの当事者・東京大学先端科学技術研究センター准教授）
第5回　広田和子さん（精神障害の当事者）
第6回　向谷地宣明さんと「べてぶくろ」の利用者二人
第7回　小山内美智子さん（脳性まひで車いすの当事者）
　＋福島智さん（盲ろうの重複障害の当事者・東京大学先端科学技術研究センター教授）
　＋熊谷晋一郎さん（脳性まひで車いすの当事者・東京大学先端科学技術研究センター准教授）
第8回　柳匡裕さん（ろうの当事者・カフェ「Sign with Me」のオーナー）
第9回　竹村利道さん（障害者就労支援のＮＰＯ「ワークスみらい高知」代表）

第10回　岡部宏生さん（ＡＬＳの当事者）
第11回　牧村朝子さん（ＬＧＢＴの当事者）
第12回　医療的ケアの必要な障害児の親子二組
第13回　森元美代治さん（ハンセン病の元患者）

これらのゼミを受講した東大生たちが障害者のリアルにどのように迫り、何を感じ、何を考えたのかを赤裸々に書き綴ったのが本書である。

勉強ばかりして世間知らずの東大生が障害者とふれあい、心の清らかさに胸を打たれて……という物語を期待していると、裏切られる。ファンタジーを夢想させるようなヤワなゲスト講師はいない。そして、平易なことも難しく考えるのが東大生たちだ。理屈っぽさや過剰なまでの自意識の強さが鼻につく人もいるだろう。自分の頭の良さを自覚し、それを臆面もなく口に出す率直さを生意気だと思う人もいるに違いない。それでも、障害者のリアルに現役東大生たちの感性は強く刺激され、予想以上の深度で学生たちの心に「化学反応」が起きている。

それは、学生たちの父親と同じ世代の私自身にとっても言えることだ。

私には、重度の知的障害を伴った自閉症の長男がいる。学生たちと議論し酒を飲み、何かを感じたり考えたりすることは、未来を感じ考えることなのだと気づいた。その未来に私はいない。人生の有限性が障害のある子を持った親たちの恐怖や煩悶《はんもん》の震源であり、障害者福祉を築いてきた原動力のひとつであることは間違いない。どれだけ理想的な福祉を築いたとしても、それは決して最終的な解決にはならず、安堵をもたらすこともないのだ。

〈私のいない未来〉という無限の宇宙にとっては、ほんの小さな望遠鏡に過ぎないかもしれないが、「障害者のリアルに迫る」東大ゼミに私は遠く果てしない未来がぼんやりと見える、そんな気がするときがあった。〈私のいない未来〉に小石を投げ込み、そのかすかな音が鼓膜を揺らす感覚を覚えるときがあった。

障害者に関心のある人もない人も本書をお勧めしたい。混沌とした若い知性と感性の漂流の中に、私たちが生きている社会の未来を少し感じることができるかもしれないと思う。

二〇一六年六月

東京大学全学自由研究ゼミナール「障害者のリアルに迫る」担当非常勤講師

野澤　和弘（毎日新聞論説委員）

障害者のリアル×東大生のリアル　目次

1

岡部 宏生

ALS

（筋萎縮性側索硬化症）

ゼミに集まる東大生たちの多くに共通して感じるのが、万能感と混迷である。プライドと焦燥と言ってもいい。ほとんど物心ついたころから放り込まれた学齢社会のピラミッドを登り続けて頂点に立った彼らには、漲るばかりの万能感やプライドがある。そのくせ、何のために上り続けてきたのか、これからどこへ歩いて行けばいいのかが見えなくなって焦燥に駆られ、心がさすらっているようなところがある。

ＡＬＳ（筋萎縮性側索硬化症）という病気に侵された岡部宏生さんに心を突き動かされる学生が多かったのは、ある意味で自分たちと対極の存在であったからなのかもしれない。

岡部さんは、東京都江東区の自宅で二十四時間の介護サービスを受けて暮らしている。全身を動かすことができず、人工呼吸器と胃への経管栄養で生命を維持している。耳は聞こえるが、しゃべることができず、わずかに動く唇の形の変化で「母音」（あ、い、う、え、お）を、目の瞬きによって「子音」（あ、か、さ、た、な……）を介助者に伝え、その組み合わせで作られた文章でコミュニケーションをしている。

ＡＬＳの患者は全国に約九一〇〇人いるが、彼らの過酷な日々は決して多くの人に知られているわけではない。「毎日のように何かができなくなっていくことは大変な恐怖です。できなくなったことに対処するために道具を使ったり、何かを工夫したりして生活をしますが、それもまたすぐに使えなくなってしまいます。しかも近い将来死が待っているのですから」と岡部さんは言う。

顔や手足など自分の体を動かす時に使う随意筋を支配しているのが運動ニューロンで、ＡＬＳは脳の命令を筋肉に伝える役割を担っている運動ニューロンが侵される病気だ。知覚神経や自立神経には異常がないので、五感や記憶、知性をつかさどる神経には障害は表れない。ただ、呼吸は自律神経と随意筋である呼吸筋の両方が関与するので、発症して三～五年すると自力で呼吸ができなくなると言われる。

呼吸器を着けて全身不随になって生きていくか、それとも呼吸器を着けずに死んでいくかを自分で選ばなければならない。そこがＡＬＳという病の真の過酷さだと岡部さんは語る。呼吸器を着けず、死を選択する人は全体の七割にも上る。

「介護負担を考えて生きていくことを諦める患者も多いのです。ＡＬＳは二十四時間三六五日の介護が必要になります。家族への介護負担や経済的な負担を考えて生きることを選択しないのです。それを我々患者は自死と呼びます」

日本やオランダ、台湾など一部を除いて、ほとんどの国で人工呼吸器は公的な保険が適応されておらず、人工呼吸器の装着率はほんの数パーセントと言われる。経済的な余裕がなければ、装着するかどうか選択する余地もなく、ＡＬＳの発症は死を意味する。

発病後もそれなりにしっかりしているように見られていたが、内面では呆然としていたと岡部さんは語る。明るい先輩の患者に出会い、自分もこんな病気になった患者や家族の役に立ちたいと思ったことが生きようと考え始めたきっかけだった。

全身が動かず人工呼吸器がないと生きられない岡部さんだが、毎月半分以上は外出している。国際会議でシドニーへ飛び、シンポジウムに出るため札幌に日帰りで行ったこともある。島根、名古屋、小田原、岐阜……全国を飛び回る日々だ。

「私はこの姿で毎月のように飛行機や新幹線に乗りますし、地下鉄やＪＲなどに乗ることは日常です。その時はいつも人目につきます。色んな目で見られます。もちろんやさしい目で見られることはあるのですが、怖いものを見るような目、見てはいけないものを見てしまったような目、同情や憐憫《れんびん》の目。知らないということで、こんなふうに見られるのです」

ゼミが終わると、毎回ゲスト講師と渋谷の安い居酒屋に繰り出すのだが、岡部さんの負担を考えて、キャンパス内にあるレストランで懇親会をやることになった。いつもの二倍以上の数の学生たちが懇親会に参加した。

ビールやジュースを飲み、料理を食べながら、学生たちが岡部さんに質問する。口から飲み食いができない岡部さんは愚痴ひとつ言わず、学生たちに付き合ってくれた。次第に学生たちは席を離れて岡部さんの所に集まり、時間が過ぎるのも忘れて真剣なやり取りを続けていた。

リアルな「命」に向き合っている学生たちにとって、社会保障という無機質なシステムの中に岡部さんを置いて考えてみるべきではないかもしれない。白けてしまうだろうし、このゼミの趣旨とも合わない。しかし、二十四時間の常時介護や医療的ケアには相当な金がかかり、これだけ多くのＡＬＳ患者が人工呼吸器を付けて生きているのは世界でも日本しかない、という現実はやはり直視すべきだと思う。医療の進歩で助かる命とそのコストという難問に学生たちはいずれ直面するのだ。

今は現実感を持って考えることが難しいかもしれないが、岡部さんのような人が生きることを認められない社会と、負担は重くなるが岡部さんのような人と共に生きる社会のどちらをこれからの世代は選んでいくのか。もっとあからさまに言えば、岡部さんのような難病患者と生きることに、彼らがどのような価値を感じられるのか、が問われているのである。

見下す

岡崎　拓実

朝、定期券で改札を通り、電車に乗った。毎朝同じ時間帯、同じ車両に乗るから、お互い名前は知らないがよく見る顔が多い。いつも音楽を聴きながら、携帯の画面に集中する女子高校生。いつも隣同士で座り、周りに聞こえる声で話す大学生風の男二人組。いつも一番端の席を確保し、タブレットのようなもので電子版の新聞を読むサラリーマン。

彼らのなにを知っているわけでもないし、なんの愛着もなければ恨みもない。しかしなぜだろう、私はどちらかといえば彼らに対して、否定的な感情を持っている。

携帯に集中する女子高生を見て、無意識に高校時代の自分と比べる。私は毎朝電車で英単語の勉強をしていた。それに比べて彼女は時間を無駄にしている。勉強が嫌いで、おしゃれをして友達や彼氏と遊びに行くことだけを生きがいとしているのだ。きっと受験の時になって慌てて勉強するもののうまくいかず、不本意な大学に行くのだろう。大学生の男二人は、昨日のお笑い番組について熱心に話している。誰がつまらなかったとか嫌いだとか。ずっとそれを聞いていると、おまえたちのほうがよっぽどつまらない、と言いたくなる。自分に魅力がなくて友達もいないからいつも同じ二人でつるんで、あれこれ批判して気持ちよくなっているのは見ていて痛々しい。アイドルの話題にうつり、人気アイドルを名指しにしてかわいくないと言う。人のことブスだとか微妙だなんて言うのは自分の顔を見てからにしろ、と言いたくなる。サラリーマンは、いつも一番端の席にこだわるところや、タッチペンを使ってタブレットで新聞を読むあたりから、少し神経質でエリート気質であると思われる。こぎれいな髪形からしても恐らく自分のことをエリートだと思っているタイプで、結婚はできないだろう。

そんなことを考えているうちに、大学の最寄駅に着いて電車を降りる。この駅で降りるのは、ほとんど同じ大学の学生だ。日本最難関といわれるこの大学の学生は、やはり勉強はできるが冴えない学生が多い。例外はいくらでもいるが、それでも多くの人が運動神経は悪く見た目は地味で、コミュニケーション能力にも乏しい。この大学のほとんどの人は私より見た目が悪いし、運動神経もない。私は頭の良さだって負けてはいないし、コミュニケーションもうまくとれる。友達も多いし、かわいい彼女もいる。そして、いつもの言葉が思い浮かぶ。

「存在意義はなんだ」

私にあって彼らにないものは、こんなに多いが、彼らにあって私にないものは、あまり思いつかない。じゃあ、彼らの存在に果たしてどれほどの価値があるのだろう。

教室に着いて講義を受け始める。数学の授業だった。この授業は必修だから履修している人はもっと多いはずだが、実際に出席する人はその半分程度だろうか。そして出席する人の三割程度は気持ちよく寝ているし、起きている人だってほとんどは顔が死んでいる。そりゃそうだと思った。生徒だって受けたくてこの授業を受けているわけでもないし、教授だってやりたくて授業しているわけではない。教授は無言で教室に入って来て、教科書を見ながら淡々と説明をする。同じ調子でずっとしゃべり続ける。この授業だけではない。大学に入って一番予想外だったのは、授業のつまらなさだった。ひたすら考え事をしながら、授業の終わりを待つ。

「あと何分で終わるだろうか」、時間を確認するために携帯を見た。メールの通知があった。知り合いの先輩からだった。〈久しぶり。今日の五限におもしろいゼミがあるんだが、来てみないか？『障害者のリアルに迫る』っていう名前なんだけど〉。ゼミのタイトルだけではどんな内容なのか分からなかったし、そもそもなぜそのゼミに私が誘われたのか疑問だった。でもちょうど五限は空いてるし、興味がないわけではなかったのであまり深く考えず、〈行きます〉と返事をした。

授業が終わり、残りの授業も同じようになんとなく出席し、なんとなく説明を聞き、なんとなく終わっていった。四限が終わって、例のゼミに向かう時が来た。ゼミというものに参加するのは初めてだった。どんな雰囲気なんだろうか。どんな人たちが受けているのだろうか。少し緊張しながら歩いて教室に着いた。広々とした教室に三十人程度の生徒。自分を誘った先輩の顔も見えた。なんだ、普通の授業と変わらないではないか。緊張がほぐれた。

椅子に座って開始を待っていた。しばらくして開始時刻になると、扉が開いた。教授だろう。しかし扉は開いたものの誰も入って来ない。どうしたのか。車椅子が入ってきた。体が再び強張った。

車椅子は見慣れているし、別に驚くことではない。でもそれはただの車椅子ではなかったのだ。乗っている人は怪我人でも足の悪い老人でもなく、鼻に管を通して上を向いた男だった。四十歳くらいだろうか。目は私たちではなく、斜め上を真っ直ぐに見つめている。すぐに理解した。「障害者のリアルに迫る」というのは、障害者を実際に呼んで話を聞くということだったのか。

今回呼ばれたのは、岡部宏生さんという名前の人だった。彼はＡＬＳという障害を持っていて、身動きが取れない。脳の命令を筋肉に伝える神経細胞が侵される難病だ。それも、先天的ではない。ある日突然でもなく、徐々にである。どちらが恐ろしいかはもちろん私にはわからない。わからないが、想像してみた。朝目覚めたら身体が全く動かない。金縛りか？いや、いつまでたっても動かない。誰か気付いてくれ。次は、徐々に発症する場合を考えてみた。まず手足の指が動かしにくくなって、病院に行く。ＡＬＳだと診断され、今後さらに進行していくことを知る。肘から先が動かなくなり、熱さも冷たさも感じない。次は脚だろうか。歩くこともままならなくなる。いつの日かしゃべれなくなる日が来る。かといって家族とはいまさらなにを話せばいいのだ。そこまでで想像を止める。あまりに恐ろしかった。

目の前に横たわる岡部さんからは、生気というものが感じられなかった。無表情に、ただ天井を見つめている。

しかし、この病気で失われるのは身体の動きだけで、脳の動きはなにも変わらない。変わらないどころか、身体が動かない分脳は爆発しそうなほど活発になる場合もある。体がこの状態だと、意識も朦朧《もうろう》としてなにも考えていないように見えるが、一切の自由を失ってしまったこの体の内側には、我々となにも変わらない一人の人間がいるのだ。余計恐ろしいと思った。

岡部さんはもともと会社の社長だったのだという。自分にも社員にも厳しく、周りに頼られる敏腕の持ち主だった。はきはきとしゃべり、後輩に檄を飛ばす岡部さんの姿が頭をよぎった。この体の中に、この状態になった今でも、頭にはいろんな感情が渦巻いているのだろう。「もどかしい」という言葉では言い表しきれない、精神的苦痛があるに違いない。

ＡＬＳ患者に最終的に残される唯一の身体的自由は、まばたきである。介護者に助けてもらいながらまばたきで一文字ずつ紡いで、文章を完成させていく。「はじめまして」を言うのにも三十秒近くかかるし、「喉が渇きました。水をください」というのに一分かけなければならない。そんなわけで、授業と言っても彼が私たちに投げかけられる言葉の量は限られている。岡部さんが簡単な自己紹介を終えると、ビデオが流れた。岡部さんの普段の生活の様子が映し出されている。介護士が四人がかりで岡部さんを入浴させ、服を着せる。ベッドに戻ると、管を通して栄養分を摂取する。とにかくなにをするにしても、大変な労力を要する作業だった。

不謹慎ながら、あえて率直な表現をさせてもらいたい。「なんのために生きているんだ」と思った。こんなことを思っている自分が怖かったが、そう思わざるを得なかった。なぜ死なないんだ。何人もの介護士が一日中大変な労力を費やすほどの価値が、彼の命にあるのだろうか。小学校でも家でも、「命はなによりも大事」だと教えられてきたし、誰もが同意する常識であるに違いない。けれどこのビデオを見て、彼の生きる意味を疑ったのは私だけではないはずだ。もし私だったら、四人の若者の手を煩わせて風呂に入るのは情けないと感じるし、なにもできずただ呼吸をしているだけなら、死にたいと思った。

ビデオが終わると、質疑応答の時間が来た。手を挙げ立ち上がり、勇気をもって訊いてみた。

「死のうと思ったことはないですか?」

答えはまばたきによって介護士に伝えられ、それをまとめて介護士が私たちに読み上げる。

しばらくの間待たなければならなかった。でも、私の質問に対して岡部さんは、考える間もなくすぐにまばたきを始めた。立ってまばたきが止まるのを待っている間、どんな答えが返ってくるのかと緊張していた。なんと不謹慎な質問だ、と怒ったりしないだろうか。二〜三分経って、介護士が答えを読み上げた。

「症状が進行する間、何回も、何十回も自殺しようと思いました。けれど気づいたら自殺をすることもできない身体になってしまいました。まさに手遅れというやつですね」

どう反応したらいいかわからず、立ち尽くしてしまった。なんと救いようのない答えなんだ。私だけでなく、岡部さん本人も自分の生き続ける意味を疑っていた。別の生徒が手を挙げた。

「ＡＬＳになってから、どんな心境の変化がありましたか」

岡部さんはまたすぐにまばたきを始める。今度は三分くらい待っただろうか。介護士が読み始めた。

「ＡＬＳになる前は、仕事のことばかり考えていました。通勤する時も、早く仕事場に着くことがなにより大事でした。今になって、もっと外の世界を感じておけばよかったと思います。日の光や風の感触、地面を踏みしめる足の感覚。発症前は考えてもいなかったような当たり前のことが、今ではとても恋しいのです」

他にもなにか言っていたのだが、すべては覚えていない。けれど、一つ一つの言葉が驚くほど心に響いたのは覚えている。膨大な量の感情と思いに対して、表現できるのはほんの少し。数えきれない伝えたいことの中から、選びとられた言葉だ。

気付くとあと十分で授業は終了だ。最後の質問ということになった。手を挙げた生徒はこう訊いた。

「もし今、ＡＬＳを治して元の身体に戻ることが可能だとしたら、戻りますか」

今度は、まばたきを始めるまでに少し時間がかかった。迷っているのだろうか。それとも答えは決まっているが、どう表現したらいいのかわからないのか。

自分だったら、と考えた。自分だったらどうするだろうか。迷うことなく元の身体に戻るだろう。元の身体に戻って、外を思い切り走り回り、好きなものを食べたい。訊くまでもない質問ではないかと思った。

「絶対に戻りません。戻りたくありません」

「ＡＬＳになって、最初は絶望と葛藤しかありませんでした。けれど今は、ＡＬＳにならなかったらできなかったことをやっています。いろんなところへ行っていろんな人にこの病気を知ってもらう。生きがいがあるのです。だから、身体の自由と心の自由、どちらかをとるとしたら、迷いなく心の自由をとります。しかしみなさんは、どちらの自由も持つことができるのですから、大切にしてください。どちらの自由も失わなくて済むように、一生懸命生きてください」

帰り道、改札を通って電車に乗った。いつもなら途中で急行に乗り換えるが、今日はそのまま各駅停車に乗っていたい気分だった。

彼と会うことはおそらくもうないだろう。そう思うといたたまれなくなった。別に、明日彼か私が死ぬわけではない。でもこれでお別れで、いつかどちらかが死ぬ。死別となにも変わらないではないか、と思った。彼だけではない。今電車に乗って来た男とも、隣に座る女とも私が電車を降りたら二度と会うことはない。そう考えると、見知らぬ人たちが途端に愛おしく見えてきた。

毎朝電車で乗り合わせる人たちを、どうして否定的に見ていたのかわかった気がした。彼らと自分を比べて優越感に浸りたかった。本当は自分に自信がなくて、生きている感じがしなくて、とにかく下を見つけるのに必死だった。彼らを見下して、自分のほうがまだマシだって、自分はすごいのだって、思いたかった。けれど、私にとって彼らは自分の人生の脇役でしかないけれど、彼らにとっても私は脇役にすぎない。というか、そもそも登場していないかもしれない。

私は、岡部さんを見下していたと思う。体が動かなくなって、かわいそうで憐れだと思った。身体は動かず、言いたいことも思うように言えない岡部さんと、思うままに走り回ることができて、毎日いろんな人としゃべり、やりたいことをできる私。でも、どちらが幸せを感じられているか。間違いなく岡部さんだ。私は彼に負けている。人から見て私は多くのものを持っているし、羨ましがられる人間だ。けれど、幸せだなんて思ったことはない。他人と自分を比べて一時的な満足を味わってばかりで、幸せになれるわけなかった。心を曇らせて、無意識の自己嫌悪を生むばかりだった。いろんな感情が渦巻いていた。

気付いたら電車は最寄駅に着いていた。イヤホンを耳にはめ、曲を再生した。レッド・ツェッペリンの「天国への階段」。岡部さんが一番好きだと言っていた曲だ。題名は知っていたが聴いたことがなかったので気になっていたのだ。アコースティックギターがもの悲しげに鳴る。聴いたことのあるメロディーだった。歌詞は英語でほとんど聞き取れなかったが、なぜこの曲を岡部さんは好きなのか、どんなところが好きなのか、そんな思いを巡らせているだけで感情が溢れそうだった。

ＡＬＳを発症した岡部さんは、自分の生きる意味を疑い、自殺を考えたものの、結果的に生き続けた。ＡＬＳを多くの人に知ってもらい、考えてもらうことを新たな生きがいにして、生きると決めた。そうして私と出会って、別れた。私は岡部さんの生きた意味を背負っているのだと感じた。岡部さんの生を無駄にはしたくないと強く思った。ボーカルの高い声が心地よかった。

朝、いつも通り改札を通って電車に乗った。いつも通りの人の数で、同じような顔ぶれ。けれど見える世界は違っていた。女子高生は今日も携帯をいじっていたし、大学生二人組の話はつまらなかった。でもなぜだろう、彼ら一人一人を順番に抱きしめたかった。そうしてお互いのことを話して、一緒に笑いたかった。

外を見ると空は青く、太陽は眩しかった。大きく深呼吸をする。それだけで気持ちよく、荷物の重みすら心地よかった。

2

南雲 明彦

ディスレクシア

（学習障害）

先生が黒板に書く文字をノートに書き写すことができない。文字がゆがんで読み取ることが難しい。自分が書く文字はノートからはみ出してしまう。小さくなったり、大きくなったりする。みんなスラスラ書けるのが不思議だったという。

知的な遅れがあるわけではない。視力や聴力に問題があるわけでもない。小学四年生のころに周囲の子どもたちと比べて自分はどこかおかしいと気づいたが、何がおかしいのかわからない。眼科に行ったが、「まったく問題ないですよ」と言われた。ほかのものは焦点がぼけないのに、文字や数字だけがぼやけて見える。再生紙はキラキラ反射するものがあり、その光が気になってしまって文字を追うことができない。先生からも不思議な子だと思われていた。

しゃべる言葉は普通で、むしろコミュニケーション能力には長けている。運動も得意で、テレビタレントのような容姿なので、女子からはラブレターをたくさんもらう。しかし、何が書いてあるのかが読み取れない。友達に代読してもらい、ラブレターだと初めて知る。相手の女の子は自分の気持ちをなんとか伝えたいと思って小さい字でびっしり書く。だからますます読めなくて困ったのだが、クラスは騒然となる。「なんてひどいことをするんだ」。密かに恋心を手紙に書いて伝えようとした子の気持ちを踏みにじる行為だと、女子たちから責められる。

それが、ディスレクシアという学習障害を持った南雲明彦さんだ。

若々しくファッショナブルな雰囲気で、駒場キャンパスを歩いていると学生たちの風景に溶け込んでいくようだ。南雲さんが講演会などに登場するようになったころ、これまでの障害者のイメージを変える旗手のように見られたものだ。ディスレクシアという耳慣れない障害のせいばかりでなく、明るいキャラクターや前向きな生き方が、これまでの障害当事者にはない空気を醸し出していたようにも思う。

二〇一四年に「障害者のリアルに迫る」東大ゼミは始まったが、第一回のゼミのゲスト講師として南雲さんは登場した。「障害」というと車いすや盲導犬をイメージする人は多いだろうが、そうした既成概念や先入観を壊すところからゼミを始めたい、と企画した学生たちと話した。学生たちにしてみると、教室を訪れたゲスト講師の中でもっとも自分たちに近い雰囲気を感じたのではなかっただろうか。はにかみながら少し早口で話すポップな感じが学生たちにも新鮮に感じられたのだと思う。

読み書きが苦手な南雲さんは、中学生から高校生になるにしたがって学力不振が顕著になってくる。黒板に先生が書く文字が、なぜ自分だけが読み取れないのか、うまく書き取れないのかがわからず、次第に周囲とのずれや違和感に苛まれるようになる。

転校を繰り返し、自宅に引きこもり、家庭内暴力や自傷行為をするようになった。定時制の高校に転入したが、三か月もすると行けなくなった。躁鬱と診断され精神科病院にも一か月ほど入院した。強迫性障害も出てきて手洗いをずっとしていた。自分の存在が汚いと思い、朝八時に起きてからずっと手を洗っていた。ご飯を食べる時にも、何かに触ったら五分手を洗い……ということを繰り返していた。食事と排泄、人間として最低限のことだけやって、あとはずっと寝て過ごした。タバコの火を自分の腕に押し付けた痕が今も残っている。

「そんな人たちが本当にいるのですか」。発達障害の支援をしているＮＰＯに出会い、ディスレクシアという自分自身の障害について知ったときの南雲さんの第一声だ。文部科学省の調査では普通学校にいる発達障害の子は六・三％に上るということも教えられた。そんなにいるのか、あそうか……。ひとりじゃない。僕だけじゃなかったんだ。そんな思いが込み上げてきたという。それから、南雲さんは学校で発達障害の子の支援をする仕事に携わったり、講演会に呼ばれたりするようになった。多い年には年間一〇〇本もの講演をこなす人気者になった。ディスレクシアは学習面でさまざまな困難をもたらす障害ではあるが、それ以上に教室の中にいるほかの子どもたちとどこか違う自分はいったい何者であるのかがわからない……そんな孤独と混乱を思春期の心にもたらす。

自分という存在はいったい何なのか、アイデンティティーをつかめないまま引きこもっては自分を傷つけている。そんな子どもたちのことを知ってほしい、そんな子どもたちを救いたいと南雲さんは語る。

学歴はある年代までは絶対的な価値を持っているが、実際に社会に出て年齢を重ねるにつれて次第に色が薄まっていくものである。東大生たちが自覚している現在のアイデンティティーがこの先もずっと今の輝きを維持していくわけではない。そのとき、自らの固有性や存在証明というものをどこに求めていくのか、どのようにしてつかみ取っていくのか。ディスレクシアという障害を持った南雲さんは東大生たちにとって近くて遠い存在だろうが、南雲さんの生き方の中に人生の本質を感じ取る学生もいるのではないかと思った。

自分はいったい何者なのか……。優越感と劣等感が混濁した川底を過剰な自意識がかき回し続ける。もろく傷つきやすい青春の苦さは、東大生たちも味わっているにちがいない。

コンプレックス

澤田 航

ずっとコンプレックスに悩まされていた。見ないフリをしてやり過ごしたりしても、心のどこかにいつもあった。ただ、わざわざ自分で「このコンプレックスって何なんだ」と考えたり、意識したりすることはなく、モヤモヤと感じているだけだった。このゼミで南雲さんの話を聞いたとき、そのモヤモヤが晴れて、コンプレックスがはっきりとした形を持って現れたという気がしている。南雲さんの講義と僕自身のこと、そしてこれからのことを考えてみようと思う。

南雲さんはイケメンで話上手だ。ぱっと見ただけでは障害を持っていることは全然分からない。授業でも、自身の障害であるディスレクシアについて飄々《ひょうひょう》と説明する姿には、爽やかさこそ感じるけれど弱さや痛みを感じることはあまりない。授業を受けている間、僕は南雲さんが自分の障害をあまりに淡々と語ることに一種の驚きと爽快さを感じていた。人は自分の持つ障害のことを、こんなに客観的に語れるのかと思った。

けれど南雲さんの、自身がディスレクシアであると分かる前の話は、障害の中身を説明するときとは全然違う雰囲気になる。原因は分からないが、とにかく文字が読めない。勉強が出来ない。成績が悪くなって学校で置いていかれる。そして、南雲さんは精神的に追いつめられていく。そういうことを話すときの南雲さんの表情は少しこわばっている。教室の空気も重くなる。こんな話を聞いていいのだろうかという雰囲気が教室を覆う。そんな中で、僕はその空気を感じつつも、南雲さんの話に釘付けになっていく。どんどん引きつけられていく。もっと聞きたい、もっと知りたい、もっと何かを感じたい。そういう感情に支配されていく自分がいる。

南雲さんの話は続く。置いて行かれる感覚、理由も分からないまま自分が周りより出来ないことを強く意識する感覚にさいなまれる。南雲さんは、とうとう強迫性障害を発症し、一日中手洗いをするような状態になったという。その話が終わってしばらくしても、僕の関心は南雲さんの過酷な過去の話に吸い寄せられたままだった。

「周りより出来ない」。この辛さを想像したとき、僕は自分の中にある一つの感情が強烈に呼び起こされた。それは、コンプレックスである。「出来ない」という感覚だ。南雲さんを外から眺めているだけでなく、自分の内にあるそのコンプレックスが南雲さんの話に強く共鳴して、苦しくなる。僕の胸のあたりをボロ雑巾でも絞るかのようにぎゅうぎゅうと締め付けてくるかのように感じる。僕は授業が終わった後、昔のことを思い出した。

僕の小学生時代。僕は小学生の頃から東大に行きたいと本気で考えており、当然全教科の成績は高く、運動神経もけっこう良く、皆からの人気者だった……ら良かったのだけれど、実態はかなりかけ離れていた。僕はいわゆる、シャイボーイだった。クラスでよく笑いを取るような友達が多いタイプの人間は、非常に苦手だった。別に周りと全然話さないというわけではない。ただ、近しい仲になるまでに壊さなければならない壁を壊せない。

そういうタイプは、どういうポジションに行き着くのか。いわゆる「真面目くん」ポジションなのだ。澤田は良い奴、真面目な奴だが、それ以上でも以下でもない、ということになる。別に悪い評判ではないからこのポジション自体がめちゃくちゃ苦痛かと言われるとそうでもないし、勝手にそう思ってもらえるのは楽でもあった。けれど、ときどき孤独感に襲われた。

給食後の昼休み。「よっしゃ、遊ぼうぜ」、と昼休み隊長的なポジションの奴がまず発言する。そこにその隊長のいるグループの幹部生的ポジションの奴数人が集まる。そいつらが各自のお気に入りメンバーを誘う。それを僕は端から見ている。じっと見ている。決してそういう奴らは僕を嫌っているわけではないのだけれど、遊び相手として澤田を抜てきしたいかというと、まあそれはないよねということだ。

奥手な自分が悪いということは、幼い自分も薄々感じてはいるのだが、だからといってどうしようもなく、昼休みの三十分間をひたすら一人で学校の校舎探検に費やす。おお、こんなところに手洗い場がある。お、誰も使っていない階段の上の踊り場に卒業生のものと思われる落書きがある。一人で見つけて、一人でニヤリとし、そして心の中にあるモヤモヤに気付く。

「あ、俺、寂しい。」

ただ、孤独感はたしかに多少辛くはあっても、耐えられないほどのものではなかった。人間とは皆孤独な生き物だからだ、なんて小難しいことは一切考えていなかったけれど、自分の性分的に仕方ないかな、という風には感じていた。それよりもっと辛かったのは、この孤独感に上乗せされる形でのしかかってくるコンプレックスだった。「出来ない」のは人間関係構築だけではなかった
ここまでの文章を読んで、これを書いている人間が運動神経抜群の人間だと思うだろうか。答えは否。そう、運動神経も決して良くなかった。というか俄然悪かった。通信簿の体育の成績は五段階評価で常に三だったが、能力値そのものでいえば明らかに一か二が相当で、三にしてくれたのは先生の温情以外の何物でもなかった。サッカー？ おいおいどうして走りながらボールを蹴る、転がす、パスする、なんていう複合技を繰り広げるんだ？ 一つ一つの技をしっかりやっていこうよ、とよく思った。

思い出されるのが、体育の後の男子だけで着替えている教室。その日の体育について男子が口々に語り合う。次の国語に集中しろお前ら、という僕の心の叫びも無視して、彼らは熱を帯

びて今日のサッカーを振り返る。なぜ負けたのかを話し合う。一番辛いのは、皆が試合中の僕のことを明らかにあえて話に出さないようにしていることだ。僕だって試合に出ているわけだからその場にはいる。ただ、その場にいるだけで役に立たず。むしろヘマをする。僕は「本当にすまん」と言いたいのだけれど、彼らは気を遣ってか、僕のことは口に出さない。僕が決して悪い奴ではなく、「真面目」な奴だから。それに僕のことをなじったり責めたりするほどの仲でもないから。

そういうとき、僕は強く、本当に強くコンプレックスを感じた。「出来ない」自分を圧倒的に認識させられた。真面目で良い子のくせに役に立てない、周りよりも劣っている、迷惑をかけている、しかも気を遣わせている。なんやねんお前は、ホンマにアカンやつやなぁ……。さっき周りに集中しろと叫んだ国語の授業に、一番集中出来ていない自分がそこにいた。

南雲さんの授業後に、僕は南雲さんと野澤さんに自分のコンプレックス体験について話しに行った。二人は熱心に僕の話を聞いてくださった。そして、出来ないがゆえの苦しみという点については同じなのかもしれないね、という話になった。僕はそのとき、そのように言ってくださることを非常に嬉しく思った。けれども、今冷静になって考えると全く同じではない。南雲さんは自分が出来ない理由が全く分からず、周りからはさぼっている、不真面目な奴と思われてしまったのだ。出来ないのは努力不足だ。そう思われてしまう日々。出来ないことの正体が掴めぬまま、自らの人格の問題だとされてしまう苦痛。その苦しみを僕は知らない。強迫性障害にまで追いつめられる辛さも知らない。本当に分からない。だから断じて、同じだなどとは言えない。

でも、そのとき二人が僕の話を聞いて、そう言ってくれたことは今でも心に残っている。きっと本当に嬉しかったのだ。こんな、どこですればええねん、という話を笑いながら話せることがこの上なく嬉しかった。話してもいいんだな、聞いてもらえるんだな、という安心感がそこにはあった。コンプレックスというものと初めてきちんと向かい合った瞬間だったのかもしれない。

それから、僕は自分のコンプレックスが今の自分にとってどのようなものなのか、漠然と考えたりした。南雲さんは自分がディスレクシアということを知って、自らがどういう存在なのかを掴み始めたのだという。僕にとってコンプレックスは、僕にどんな影響を与えたのだろう。これからどんな影響を与えるのだろう。そんなことを授業の後に考えたりした。そして、とあることに気付いた。僕が今東大生であることも、コンプレックスが大きく影響しているのかもしれない。

小学生の頃、僕は真面目でありながらも、成績自体は大したことはなかった。家で宿題をやっているとき、簡単なはずの問題が全然解けなくて、「自分は運動も勉強も出来ない。自分はクソだ、クソ人間だ」と、自分を卑下してむせび泣くという、太宰的な行為に及んだ苦酸っぱい思い出もある。しかし、中学に入ってからの僕は違った。圧倒的勉強量を積み重ねたのだ。ダメな自分、出来ない自分からの脱却を果たそうと必死に努力を重ねた。相変わらず運動の方はダメだったし、真面目くんポジもあまり変化はなかったけれど、猛勉強の成果で成績は急上昇。学年で一位の座に躍り出た。

しかしこの後、僕の中に矛盾した複雑な感情が入り込むこととなる。僕が勝ち得た「真面目で学年トップの勉強出来る奴」という称号は、多大なる優越感を僕にもたらしたけれど、そこには忌々しき劣等感もセットでついて来た。劣等感は何食わぬ顔で僕にこう言い放つ。

「やあ澤田。君って勉強しか出来ないねぇ」

結局僕は、コンプレックスから解放されなかった。僕はずっと学年一位であり続けたし、実際に勉強も重ねたけど、ずっと「出来ない」自分であることに変わりはなかった。相変わらず友達との間には距離を感じるし、体育の後の教室はやっぱり最悪だった。勉強が出来る分、他のことが出来ないことへの意識も強くなった。そして、劣等感が強まれば強まるほど、一方の優越感も強まっていく。

「おい澤田。見ろ周りを。圧倒的に勉強が出来る自分を。お前は最高だ」

優越感は時折周りを見下すようなことも言う。ライバルの劣等感に負けないために。僕は、劣等感と優越感の間を激しく揺れ動きながら、中学生時代を送っていた。

担任の教師との二者面談、みんな自分の番が来るのを憂鬱に思うのだが、僕は全くそうならなかった。成績も素行も悪くないし、怒られる理由がない。そして、担任の講師と向かい合って、担任から言われたのはたった一言「ビッグになれよ」。僕は微笑して、その場を去った。言うことなしの模範生である優越感。けれども、発言内容への強烈な違和感も同時に感じた。僕はそんな大した人間じゃない、ビッグになんてなれない。そう思っている自分がいた。劣等感がささやいてくる。

「お前はダメで、出来ない人間だ。見ろ周りを。休み時間を実に楽しそうに過ごす周りを。見ろ自分を。休み時間をいつも居心地悪く過ごしている自分を。そんな奴がビッグになるだなんて、笑ってしまうなぁ?!」

もう僕は勉強をするしかない。そう思ってとにかく勉強を重ね続けた。テストが解ける優越感。通信簿を開く優越感。周りに成績を聞かれる優越感。とにかく優越感にすがった。後ろで僕に嫌な事をささやいてくる劣等感に捕まらないように。

そして、この不毛な（?）逃避行の延長線上に東大受験があった。僕はずっと劣等感から逃れようとして、それがよりいっそう劣等感を強めることになって、そしてそれからまた逃げようとして……そんなことを無数に繰り返して東大まで来た。そうして、はるばるやって来た東京大学で南雲さんの話を聞くことになり、自分のコンプレックスを強く意識することになった。

皮肉的というか運命的というかなんというか。もちろん、僕にとって良かったことなのは間違いない。いくら逃げても追いかけて来た彼に、対峙《たいじ》するときが来たということなのだと思う。

今でも僕は、自分が運動音痴であることを気にするし、時折周りとの距離を感じて孤独感を覚える。だいぶましにはなったけれど、今でも残っている。ここまで、自分のコンプレックスについて分かったようなつもりになって書いて来たけれど、自分の不甲斐無さ・情けなさ・不器用さが嫌で嫌で仕方ないときもある。正直に白状すると、「こんなんで生きてもしんどいだけ。楽に死ねるなら死にたい」なんて考えに侵されることもこれまでしばしばあった。今でもこんな考えがたまーに忍び寄る。生きる意味とは何か、なんていう深いテーマを探求しているわけじゃなくて、ただひたすら、しんどい、情けない、辛い、逃げたい、諦めたい。そんな暗くて、しょぼくて、弱い感情が募りつもって、最後、死にたい。そして、そんなとことん残念な自分がやっぱり情けない。生きるのがしんどいのは当たり前、かもしれないけど、コンプレックス感じて、辛くなって、これからもずっとずっと長い時間生きていくのは耐えられそうにないなー、などと考える。僕にとって、コンプレックスは根深くて、こういう底の浅い絶望感へとつながっている。

だけど、今ならその絶望感に抵抗する術があるんじゃないかと思える気がするのだ。このゼミで、講師が見せた姿、ひねり出した言葉の中にヒントがあったと信じたい。

様々な場面や発言が記憶に残っているけれど、盲ろうの東大教授・福島智先生の言葉は、その中でも特に印象深い。

福島先生は盲ろうという状態になった時、生きる意味について真剣に悩んだという。そりゃそうだろうなと僕は思った。僕は、体にこれといって障害がなく、家庭の経済状況も良く、東京大学生という身分まで頂き、周りからチヤホヤされている。それにも関わらず、先のような暗い思考にさいなまれたりする。

盲ろうの状態がどんなものかは、先生の話や言葉の端々から想像する以上のことは出来ないけれど、相当なものなのだと思う。真っ暗で無音、その状態で何十年か生きる？　僕には正直耐えられる気がしない。なんでこんな状態になってまで生きなければならないんだ、と考えてしまうのは間違いない。生きる意味を求めなければ絶対に自我を保っていられない。福島先生が、生きる意味を真剣に、それこそ死にものぐるいで追い求め、悩み考えたのは当たり前のことなのだろうと感じた。しかし、そこから先の福島先生の見出した生きる意味や自身の持つ苦悩の意味についての思索に、僕はついていけなかった。福島先生への質疑応答の時間で、そういうモヤモヤを思い切って問いかけてみた。

「どうしても自分に生きる意味が見出せないこともあると思うんですよね。そういう人ってもう死ぬしかないように思ってしまったんですが、どうですか?」。福島先生はこれに対して、「澤田くんは生きる意味がなくて、死にたいのかな?」とおっしゃった。僕はどきりとして、「いや、別にそういうわけではないんですけどね」としどろもどろに返した。そのとき、福島先生はおっしゃった。「まあ、どうしても死ぬというのなら止めませんけどね。でも、他の人に迷惑にならないように死んでくださいね」。

「生きることをなめるなよ」、と言われているような気がした。真っ暗闇の中で必死でもがいて生きて来た福島先生を前に、僕は打ちのめされた。

僕は大して死にたくなどない。ただ嫌になっただけだ。コンプレックスを感じて、すぐにへこたれて、そんな自分を卑下して、生きるのもうイヤ、と駄々をこねていた。福島先生は自分が盲ろうになったこと、そんな自分が生きることの意味を求め続けた。それこそ地獄のような苦しみの中だったのかもしれない。けれど、福島先生はそんなことはほとんど感じさせず、あっけらかんと冗談を交わして僕らをからかったりする。そんな姿に僕は、心の底をぐちゃぐちゃにかき混ぜられるかのような、もう泣きたいんだか、嬉しいんだか、わけの分からない感情になった。そして、ふと思った。

諦めたくない。生きるということも、こんな自分のことも、諦めたくない。


一人の人間として、自分の弱みや痛みを打ち明ける講師の方の姿を見たとき、そういう瞬間に僕は、生きる強さを垣間みる。ディスレクシアで「出来ない」自分を呪った南雲さんが、そのときの経験をバネに今活き活きと活躍する姿。全盲ろうになり、真っ暗闇の宇宙にひとりぼっちで放り出された福島先生が、苦悩の中で自らの生きる意味を見出そうとする姿。ＡＬＳで体が動かない岡部さんが、自分に出来ることは何かと考え、実行し、寝る間も惜しんで働く姿。

自分の脆《もろ》い部分を受け入れて、乗り越えようとしている人間は、ものすごくたくましくて、ものすごく尊い。

そんな講師の方の姿を見るとやっぱり思う。諦めたくない。もちろん、講師の方は所詮僕とは異なる他人だ。だけど、それでもその他人を目の前にして、僕の感情は揺れ動くのだ。生きるのはしんどくて辛いけど、諦めるのはもっと辛い。しんどいだけと思いたくない。こんなコンプレックスまみれの自分も諦めたくない。情けないし、嫌だけど、それでも諦めたくない。諦めた先にはそれこそ何も無い。必死であがいて、もがいて、やっていくしかない。


ここまで書いてきて冷静に思う。あーー恥ずかしい。コンプレックスで何をそんなうじうじしてるんだ。もう、ぶちさらして、とにかく諦めずにやっていくしかない。今はそんな風に思う。思いたい、というのが正確かもしれないけれど。とにかくそうしたいのだから、僕は後ろからついてくる劣等感とも膝付き合わせてお話しせねばなるまい。生きる限り、彼とは一緒だ。「なあ、今まで無視してすまん。ちょっと話さんか」。きっと彼も、話せば分かる奴だ。だから、きちんと話してみようと思う。「こんな奴やけど、これからもよろしく頼む」。

そんな風に、不器用に。

のっぺらぼう

佐藤 万理

南雲さんは、ごくふつうの、いや、かなりかっこいい好青年だ。外見が素敵なだけじゃなく、立て板に水といった言葉がぴったりの話し方で、冗談を飛ばしながら、輝かしいほどの笑顔を見せる。「障害者」という言葉の持つイメージとはかけ離れている、はにかんだ顔が爽やかだった。とにかく話が面白い。そんな南雲さんが、障害当事者として語る苦悩は、「ラブレターが読めないこと」。学生時代、南雲さんは女の子にラブレターをもらった。だけど、ディスレクシアの南雲さんは、それをうまく読めないから友達に読んでもらう。それを知った女の子は傷ついてしまう。女の子に嫌われて、何がなんだかわからず戸惑う南雲さんの姿を想像すると、ちょっとユーモラスで、とても切ない。

ラブレターの話を聞いて、私は南雲さんが同じ教室にいたら、と想像した。かっこよくて爽やかで面白い南雲さんのことを、もしかしたら私は好きになってしまうかもしれない。ラブレターだって出すかもしれない。「障害者」と私たちが呼ぶ人々は、ふつうの人として生きていて、私たちの人生とだって、きっと交わっている。だけど、どこか遠くにいる感じがしてしまうのが現実だ。

東大にだって、遠いベトナムの貧困や、中東の紛争に興味のある学生は多くても、隣の家に住んでいるかもしれない「障害者」に関心のある人は少ない。私が大学の友人に、障害者の問題に関心があるんだと話したって、「障害者なんて周りにいないじゃないか」と言われる。「紛争の方がもっとクリティカルな問題だ」とも言う。そう言った彼は、東南アジアの子どもたちのために現地に何度も足を運んでいる。障害者は、ベトナムよりも遠いのだ。近いはずなのに、遠いのだ。

南雲さんは、自分が苦しんできた過去を明るく話す。「障害者の中にだって嫌な奴はいる」と言う。学生から、「どういう支援をされたら気持ちがいいか」という問いに、「それをしてくれる人のことが好きか嫌いかだよね、好きな人だったらなんだっていいよ」と答える。どれもよく考えれば当たり前のことばかりだ。でも、それを当たり前だと思っていなかった自分に気づく。南雲さんの言葉を聞くたびにどきりとする。

障害を持っている人は、けなげで聖人。支援を受ける側は、支援をありがたがっているだろう。そんな風に自分は思ってはいなかったか。支援者のことを好きか嫌いかという基準で見ているなんて、思いもしなかったんじゃないのか。自分では対等に接しているつもりでも、本当は対等だなんて思っていなかったんだ。そう気づくと、すごく恥ずかしかった。意識していなくても、私はこの人を助ける立場なのだと、そう思って行動しているのだ。南雲さんの話を聞いていると、想像以上に私は自分の中の「ふつう」に縛られていることに気づく。

小学4年生のころの出来事だ。全盲の「青山さん」という方が学校に来て講演してくれたことがあった。学校から青山さんへ送る感想文のひとつに私が書いたものが選ばれた。私はほんの少し誇らしげだったし、「よし、これからは障害のある人を見つけたら頑張って助けるぞ！」、そんな風に意気込んでいたと思う。そのとき障害者は、私にとって助けるべき人であり、かわいそうな人たちだった。それは決して間違っていないのだろうが、私の中で「障害者」という言葉は、そのイメージに終始していてそこから進みはしなかった。

一方で中学時代、足の不自由だった友達の夢子に対して、私は特段、障害者だと思って接したことはなかった。夢子は車いすに乗っているので、一緒に移動するときはたいてい誰かが押さなければいけない。夢子と教室に一緒に行く、それだけのためだというのに、周りの父母からは「偉いね」という言葉をかけられる。その言葉がなんだか嫌だった。障害のある人を頑張って助けるぞと意気込んでいた自分と、友人の車いすを押すことを褒められたくない自分、私には矛盾する感情があった。「障害者」という言葉は、私にとって何だったのだろうか。

私たちは大きな枠で障害者というものを囲い、その枠の中にいる人々を勝手にひとまとめにしてイメージをふくらませ、議論していた気がする。枠の中にいるのは個人個人なのに、そのことをすっかり忘れている。青山さんだって、南雲さんと同じように、青山さんだけの痛みや喜びを持ち、青山さんなりの悩みを持つ人だろうに、小学四年生の私には、「視覚障害者」でしかなかった。「障害者」と呼ぶとき、そこに顔はない。南雲さんの講義は、私にこんなことを考えさせた。

南雲さんの講義を教室の後ろの方で聞いていた私も三年になり、今度はゼミの運営者となった。次年度の講師について話し合っているとき、私は南雲さんをまた初回講義にお呼びしたいと、他の二人に話した。南雲さんは、障害者を理解しようぜとか、障害者を支援しようぜとか、そういうことではなく、私たちは何もわかっていないのだということを教えてくれるんじゃないだろうか。私たちの心の中の障害者はのっぺらぼうだっていうことを教えてくれるんじゃないか。私たちのゼミはそこから始まるべきだ。私は、強くそう思っていた。

しかし、南雲さんを講師に迎えた二年目の初回講義では、南雲さんの苦悩も葛藤も喜びも、私たちには結局、何にもわからないんじゃないか、ということに思い至り、ひどく悔しさを覚えた。

私たちと同じ目線でものを考え、同じようなことで悩む、ユーモアあふれる南雲さん。一方で、二十年以上も孤独と無力感に苛まされた南雲さん。前者だけを見て、「障害者も私たちと同じだね」と終わらせるのは簡単だ。だけど、そんな傲慢なことはしたくない。南雲さんの講義を聞いても、自分の「ふつう」を壊しても、きっと私は南雲さんのことを真に理解することができない。それが悔しくて悔しくてたまらない。自分がわかっていないのはわかったけど、それでもやっぱりわからないままというもどかしさには、今も苦しんでいる。

「自分の子どもが、もし障害を持っていたらどうしよう?」。私は何度かそう考えたことがある。女の子だったら、一度は自分の妊娠と出産、子育てを想像したことがあるだろう。自分とパートナー、かわいい子どもたち。自分が家庭を持ったら、と考えるときに、子どもが障害を持っているかもしれないと想像することはあまりないんじゃないだろうか。

何にでも感情移入しやすく、すぐ「自分だったら」と考える私にとって、障害児というワードは自分とは違う特別な人たちの問題ではなかった。障害を持つ子どものお母さんというのは、私が絶対に講義計画の中に入れたいテーマだった。ゼミに参加して、何人もの障害者に会う前から、「障害を持った子が生まれたらどうしよう、子どもが生まれたことを喜べるだろうか、幸せに育てられるだろうか」、などと考えていた。私の心配性は筋金入りで、すぐああだったら、こうだったらと思いをめぐらす。想像はどんどん進み、そんなことを想像して心配していることに、私は罪悪感を抱いていた。

そうした中で聞いた、一年目のゼミでの明石洋子さんを講師に迎えた授業は印象的だった。明石さんの息子である徹之さんは、重い知的障害を持つ。明石さんが、「生まれてくる子どもが障害を持っていませんように、と考えることは悪いことではない」、「誰も好きで障害を持った子どもを産むわけではない」とおっしゃったとき、私はなんだかほっとした。そう思っていいんですねと、赦されたという感覚だろうか。

その後もゼミの活動を通して、障害に関わる様々な人に出会った。子どもに障害があったって悲観的になることはないと感じる一方、障害を知れば知るほど、余計に怯えも生まれた。「自分の子どもに障害があったら」、という想像は、もうぼんやりとしたものではなくなった。だけど、障害を持つ素敵な人たちに会う中で私が障害児を持つことを怯えるのは、この人たちを否定することにつながるのではないか、とも思うようになった。

そもそも、何が障害であるか障害でないかの区分が明確ではないことも、健常者と言われる人だって生きづらさを感じているということも、理解しているつもりだ。障害を持っていたって幸せだという言葉にも、大いに賛同できる。それでも、私たちは皆、生まれてくる子どもが「より良い」子であることを願ってはいないだろうか。そう願うことは悪いことなのだろうか。どんな子が生まれたっていい、社会がどんな子だって幸せに生きられるように変わるべきだ、私たちはそう言う。だけど、障害をいくら楽観的にとらえたって、障害児の親たちは誰だって苦悩しているんだと思う。特に、子どもを実際に産む母親は、子の障害を自分のせいだと思うのではないだろうか、その子どもが壁にぶつかるたびに悩むのではないだろうか。母親の苦しみをきれいな言葉でごまかしてはいけない。どんな子が生まれたっていい、悪いのは社会の方だ、という論理を押し通すと、産んだ母が苦しむことは「よくないこと」になってしまうのではないか。理想論の空虚さに思い至った。

そうして悩んでいる中で出会ったのが、医療的ケアの必要な子どもたちとその母親だ。耳がなかったり、あごがなかったり、呼吸は自力ではできなかったり、目が見えなかったり、子どもたちの抱えている障害は、重篤なものばかりだ。

打ち合わせでデイサービスセンター「ほわわ」を訪問した私は、子どもたちのいないスペースにおっかなびっくり座って、どう接すればいいのだろうとまごついた。子どもたちはそんなことにかまわず、動き回っていたり、ただそこに寝ていたりする。子どもたちの純粋さを前にすると、なおさら自分が障害児の幸せなんてものを悩んでいるのってどうなんだろう、と考えてしまう。

「かよちゃんがうちに来る前と、かよちゃんがうちに来た後を比べたら、かよちゃんが来てくれて家族はとても幸せになっています」ゼミで思いを語ってくれたかよちゃんのお母さんの言葉だ。「他の子どもと比べないから、どんな成長も手放しに喜べるのよ」とも言っていた。私だったら、他の子はこういうこともできるのに、障害を持っていない子が生まれていたら今頃こうなのに、と考えてしまうと思う。他人と比べないことがどれほど難しいか、目の前にいる人そのものを肯定することがどれほど難しいか。私にもなんとなく想像できる。でも、私にはそれができるだろうか。そんなことをうじうじと考えていた。

だけど、かよちゃんのぷにぷにのほっぺに触って、じーとこちらを見つめてくるまんまるの目を見ていたら、延々と頭の中で考えているのが、少しあほらしく感じられた。この目の前のかよちゃん抜きに、顔のないのっぺらぼうの障害児を思い浮かべて、幸せとは、母の苦しみとはなんて論じることは、できないのかもしれない。

私は、「出生前診断で、もしおなかの中の子どもに障害があるとわかったら、自分がどうするかはわからない」、とかよちゃんのお母さんに話した。「あなたは絶対どんな子でも産んじゃうわよ」とお母さんは答えた。私もそんな気がしてくる。障害児のかわいさに触れたからとか、幸せに生きられると知っているから、ということではない。「障害児」がのっぺらぼうでなくなったら、その想像に顔と名前がついたら、もう殺すことはできないだろうと思う。生まれてから、その子を知ってからまた悩めばいいのかもしれない。答えは出ないかもしれないけど。

そして、想像と現実の差というものを一番に考えさせられたのが、ＡＬＳ患者の岡部さんの回だ。運営者として岡部さんとの打ち合わせを終えたとき、私はどっと疲れていて肩が重かった。自分がものすごく体を緊張させていたことに気づいた。岡部さんのご自宅を訪問した帰り道に運営の二人とラーメンを食べているときは、三人とも岡部さんの話はしなかった。岡部さんに会った感想を、適当に言いたくなかった。私は半ば放心状態で、自分は何に圧倒されているんだろうと考えていた。

目の前にいるおじさんは、動かないし、笑っているかもわからない。正直に言うと、かなり怖かった。岡部さんの動かない眼球をじっと見つめていると、なんだか気まずくて、目をそらしそうになった。自分がショックを受けていることに、なんだか罪悪感を覚えた。想像以上に、きつかった。目以外動かせないとはこういうことなのか。でも、岡部さんは決して「かわいそうな人」ではなかった。「元気だ」という表現はおかしいかもしれないけど、岡部さんは元気に見えた。

自分の中のＡＬＳへの恐怖と、岡部さんの「元気な」様子のギャップに、私はまごついていたのかもしれない。岡部さんは、すごく気負っているわけでも、使命感に燃えているわけでもないように見えた。私たちの訪問や説明を、ごくふつうに受け止め、会話してくれた。私たちは、拍子抜けしてしまって呆然としていた。岡部さんは、こわばった大学生三人の姿とは対照的に、ごく自然にその場に存在していた。頭の中でイメージしていたＡＬＳ患者と、目の前の岡部さんとは、大きな隔たりがあった。

岡部さんに「生きる意味ってなに？」なんて軽々しく聞いていいんだろうか。私たちは、岡部さんにゼミの方針を語った。「障害者という大きなくくりではなく、個人が何を考え、どう生きづらさを感じているのか、知りたいんです」そんな言葉は、岡部さんを前にするとずいぶん軽く聞こえた。岡部さんは、今ここで人工呼吸器で息をしている。苦しみも喜びも受け止めて生きている。自分たちが考えていることなんて、所詮頭の中だけで完結しているんだと、そう感じた。

いつか動かなくなる、それを待つだけという恐怖。私は考えただけで怖くなる。私がもしＡＬＳになったらどうするだろうか。いや、どうすればいいのか。私には、講義中に岡部さんが気丈にふるまう様子は、自分に「自分は元気だ」と言い聞かせているのではないかと思うときだってあった。

岡部さんは、打ち合わせ前にこう言っていた。「楽しいことはないんですよ」。「私は楽しく暮らそうというテーマでは話せない」。授業で聞いた数々の言葉より、私はこちらのほうが本当の岡部さんの言葉のような気がしてしまう。

私たちは、つい「そんなに苦労して生きているのだから、きっと楽しいことがあるのだろう」と考えてしまう。「じゃなきゃ生きている意味ないじゃないか」と。楽しいことはないと聞くと、なぜかビクっとしてしまう感じ。私はきっと、岡部さんが「生きていて楽しい」と思っていてほしいのだ。何か哲学的な答えを見出して、それに沿って生きていてほしいのだ。しかし実際、ＡＬＳ患者にとって、生きることはきれいごとではない。私たちは、岡部さんに何かを託しすぎなんじゃないかと、その時思った。

岡部さんは、神様じゃない。生きることはもっと生々しいものなのかもしれない。岡部さんは授業中、生徒からの「生きる意味とは何か」という質問に対して、「生きることを選んでから、生きる意味を考えるのです」と答えていた。岡部さんを前にすると、生きるか死ぬかの選択を迫られていない自分が、「生きる意味」なんてまじめに考えているのがくだらないことのように感じる。岡部さんは、自分で、自分の生死を選んだんだ。

授業でも打ち上げでも、私たちは悟りを開いたブッダかのように、岡部さんを囲んでいた。

確かに表情の動かない岡部さんは、あたかもすべての答えを知っているかのような雰囲気を漂わせているが、私にとって、みんなが岡部さんの言葉に群がる様子は少し違和感があった。私は、岡部さんを神様みたいに扱いたくない。

岡部さんの言葉を「正解」のようにとらえるのではなく、もっと岡部さんの中にある葛藤にこそ目を向けたい。その葛藤を想像したい。岡部さんは、生きる意味を知っているから生きることを選択したわけではない。ただ、生きたかったんだろう。今だって葛藤しているらしい。岡部さんに「体が動かないより心が動かない方が不幸」と、言わせているものは何なのか、全身が管につながれ目しか動かせないというのに、なぜそう思ったのか。岡部さんは聖書ではなく人間だ。もしその姿から、言葉から、少しでも私たちが生きるためのヒントを欲するなら、目の前の人間としての岡部宏生に向き合わなければいけない、と強く思った。

このゼミは私たちに、「わからない」ことを教えてくれた。自分たちが今まで考えていた「障害者」はのっぺらぼうなこと、それに気づけたことは、確かに進歩だった。だけど、顔がついたあとは、今度は、目の前のその人を理解できないということにもどかしさを感じる。南雲さん、岡部さん、かよちゃん。同じ空気を吸っても、触れ合っても、あくまで彼らの気持ちを、彼らの人生を想像することしかできない自分に、障害者の問題を考える意味があるのか、そう思った。

障害を持つ人と私たちは、対等であって同じように生きている。だけど、同時に彼らと私たちには当然ながら違いがあって、それを乗り越えることはできないのかもしれない。「同じ」なのに「違う」ことを悩む日々が始まった。でも、その壁を乗り越えようとするあがきを、私はやめたくない。私たちはあがき続けたい。

優等生の私は、正解を求める。私だけじゃなく、東大生一般に言えることかもしれない。今度は、正解を求めることも理解することもできないのかもしれないと、そう認めることがスタートだ。

今でも、このゼミが誰かを救うことができたらいいと思うし、自分たちが面白がっているだけではだめなんじゃないかと思い悩むことがある。だけど、何もわからないなら、わからないなりに「答えのない問い」に対して全力で向き合うことが、私たちにできる最大限のあがきなのかもしれないとも思う。

3

母親＋障害児

医療的ケアの必要な
障害児

赤ちゃんは、お母さんのお腹の中にいるときはへその緒から酸素を取り込んでいるが、生まれた瞬間に口と鼻での呼吸に変わる。かよちゃんはそれができずに、仮死状態で生まれた。NICU（新生児集中治療室）のある総合病院だったため、小児科医が何人も集まってきて蘇生がはじまり、生後二時間で気管切開の手術をされ、何とか命を取り留めた。

かよちゃんには、「第一第二鰓弓《さいきゅう》症候群」という障害がある。耳から顎にかけての奇形があり、一見すると顎がないように見える。症状としては、外耳・内耳・中耳の奇形と難聴、小顎症による下顎の後退と奇形、上気道閉塞、気管軟化症、口蓋《こうがい》の奇形と軟口蓋裂、舌の奇形、嚥下《えんげ》障害がある。そのため、呼吸や食事という、生きていく上で誰もが意識もせずに行っていることが難しい。気管切開をして呼吸を確保し、胃に直接管を通す経管栄養によって栄養を摂取している。難聴はあるものの聞き取りはそれなりにできるが、自らの意思を言葉で伝えることができない。コミュニケーションの方法として手話を少しずつ習得中だ。

ゲスト講師の最年少は、医療ケアの必要な幼い障害児と親たちだった。死と向き合いながら毎日を生きているのがＡＬＳ患者の岡部宏生さんだとしたら、死の淵から救われて生まれたばかりの小さな命とも言える。

出生から乳幼児期は自らも通ってきた道であるだけに、学生たちは親近感を持ってゲスト講師を迎え入れたようにも見えた。特に女子学生にとって、障害児を抱きかかえたお母さんは、近い将来の自分の姿かもしれないのだ。かよちゃんのお母さんである吉沢綾香さんが準備してきた文章を読み上げた。

「ＮＩＣＵでは、保育器に入ったかよちゃんをただ見ることと、小さな窓から手を入れて触れることしかできませんでした。そこにいても何もできず、私は、自分なんかいなくてもいいと思いました。病院から一歩出ると、何事もなかったような日常があり、自分がかよちゃんの親であることを忘れてしまいそうで怖くて、唯一できる搾乳と面会を毎日必死に続けました。

その後、ＮＩＣＵを退院し、いなくてもよかった自分の存在が、その瞬間、かよちゃんの命を全て背負う存在に変わります。吸引、注入、搾乳、消毒といったケアに追われて時間と労力をとられ、自分のケアをする時間なんてありませんでした。一番大変なことは、かよちゃんの命が私にかかっていることでした。もしカニューレが抜けたら、もし突然呼吸がとまったら…

…と考えると恐怖で、常に緊張状態で、頭が覚醒していました。すぐに対応すれば大事に至らないけど、一分、二分と気付かないと酸素がなくて、苦しくなります。死が一気に近づきます。そのため、私はトイレだって行けないし、夜は電気をつけたままでないと眠れないし、夜中何度も呼吸があるかを確認し、かよちゃんが少しでも動くと目が覚めるような生活をしていました。そんな生活をしていたら、自分が倒れました。救急車で運ばれる間も、ずっとかよちゃんに何か悪いことが起こるかもしれない、かよちゃんの吸引は大丈夫だろうかと心配で仕方なく、すぐに帰宅しました。

かよちゃんはもうすぐ二歳です。私は学生の頃から障害者に関わってきて、勉強もして自分なりに障害者のお母さんの気持ちも考えてきたつもりでした。だけど、自分が当事者になって、ちっともわかっていなかったということがわかりました。

私たち親はＮＩＣＵを退院して、初めて母親の役割を得ることができます。でも、それは普通の母親とはあまりにかけ離れています。日々のケアに追われ、子どもとゆっくり見つめ合って、笑い合う余裕がありません。〝この子は将来何か立派な人になるかもしれない〟という望みをもてず、絶望を感じます。

でも、今日伝えたいと思ったことは、そんな生活だけど、決して不幸ではないということです。障害児の親、そんなに悪くないぞ、というのが今の私の正直な気持ちです。私は、障害児が生まれないように、ずっと願ってきました。そして、かよちゃんが生まれ、障害児とわかり、死ねばいいのにとまで思ったこともありました。だけど、今、かよちゃんが生まれる前よりずっと幸せを感じます。たくさんの人の支えがあったからこそ、ここまで来られました。家族みんなで並んで眠れることの喜び。一緒に時間を過ごせることのすごさ。毎日がキラキラします。もちろん、立ちはだかる壁はいっぱいで、不安も尽きず、子どもたちに苛々し、怒りまくる日常です。でも、こうして生きてくれていることがありがたいです。

私は、今、かよちゃんがかわいくて、誇らしくてたまらないです。今日、我が子を呼び捨てでなく、ずっと〝かよちゃん〟と呼び、おかしいな、と感じた方もいるかもしれません。だけど、たくさんの困難を乗り越えてきている娘をどうしても呼び捨てできないのです。私には障害児の親は暗く、不幸なイメージがありました。だからこそ、そうじゃないよ、って伝えたいです。」

人工呼吸や人工栄養など医療的ケアが常時必要な障害児のことが注目されるようになってまだ日が浅い。以前から医療的ケアが必要な障害児はいたが、その数は少なく、ＮＩＣＵの中で命を守られる存在としてしか社会的には認知されていなかったとも言える。

高齢出産の増加を背景に遺伝性疾患や出産時のトラブルが増えており、医療技術の進歩もあって重い障害を持って生まれてくる子どもたちを救うことができるようになった。ということにされているが、実際には以前から医療スタッフが充実しＮＩＣＵなどの設備がある病院では救えたのだ。しかし、積極的に救おうとはして来なかったのである。命を救うことはできても、重い障害を持って生きていかねばならない。福祉が乏しい状況では家族に重い負担がずっとのしかかる。だから、積極的には救命して来なかったのだ。現在でも多くの国で重い障害を持った新生児には救命の治療を控えているのが現実だ。

現在、日本では医療的ケアが必要でも病院を出される例が増え、人工呼吸器をつけたまま退院する子は十年前には年間三十人程度だったが、二〇一一年から毎年約一五〇〇人にも上っている。ところが、医療的ケアが必要で必ずしも寝たきりではない子どもの場合、一般の保育所はまず受け入れない。生命の危険に対するリスク回避ができないという理由である。障害児向けの放課後等デイサービスはここ数年、各地で雨後の竹の子のように開設されているが、やはり医療的ケアの必要な子どもは受け入れない。児童発達支援センターは医療スタッフが配置されているが、週に数日、短時間しか利用できず、同センターがない地域も多い。

地域で暮らす障害者の支援をしている社会福祉法人「むそう」は、愛知県半田市で戸枝陽基氏が設立した法人だ。二年前、東京都墨田区と世田谷区に医療的ケアの必要な子ども専門のデイセンター「ほわわ」を開設した。地域医療を担う医師や訪問看護ステーションと連携し、医療的ケアが必要な障害児の療育を担っている。

母親の多くは仕事を辞めざるを得ず、自宅で子どものケアに追われている。「二時間以上続けて寝たことがない」、「電車内で子どもたちが面白がって携帯電話で写真を撮る」。相談できる人もいない中で、追い詰められている家族の窮状を見るに見かねて地域医療と看護とチームを組み、医療的ケアの必要な障害児と家族の地域生活を支える拠点を作った。

進歩し続ける医療技術の前で、私たちはずっと見て見ぬふりをしてきた現実がたくさんある。問題の核心は医療技術ではなく、生命倫理をめぐる問題なのである。生命倫理とは命に対する社会の感受性であり価値観のことだ。やわらかくて、小さくて、風が吹けば消えてしまいそうな命である。さわって感じなければわからない。

東大生たちの感受性はどう反応しただろうか。複雑な数学の方程式や難解な英文読解とは違う問いが、世の中には満ちている。

気持ち悪さ

中條 武

実のところ、この本の出版にあたって私が初めに書いた原稿はこれとは全く異なったものであった。それはこのゼミのうち最も印象に残った回で感じたことを、私の大学での生活に絡めて記述したものだった。大学に入ってから生じた「生き方」についての悩みが、授業を経て少し改善したといった内容だ。その話に嘘はなかったし、ありのままを記述したつもりだった。しかし、出来上がった原稿を他の人に読んでもらうと、「できたストーリーすぎる」「リアルはこんなにもシンプルでないはず」と、指摘された。正直なところドキリとした。なぜならそれらは鋭いほどに的を射ていたから。

自分の中のリアルはもっと複雑、自分でも正体がわからないほどに複雑であると自分でも知っていた。でもそのリアルを記述して公にすることを少しためらう自分がいた。恥ずかしいとか、隠したいとかとは違う。目を向けたくないといった感覚。気が進まないというのが一番近いかもしれない。だから初めの原稿ではリアルの存在を知りつつも、そのリアルとは異なるものを書いたのだろう。少し、気持ちが悪い。

指摘を受けて、私はリアルを記述するか迷った。今までずっとその存在は感じつつも、深く考えたことはなかった。逃げていたのかもしれない。深く考えた先に見えたものが自分の醜い部分である可能性だってある。でも、今後も今まで通り見て見ぬふりをするような態度のまま生きていくのかと自分自身に問うと、それは断固として嫌だった。ならばいつ向き合うかの問題であって、今回はいい機会だと思った。これ以上のチャンスはないと言い聞かせて、決心した。自分のリアルをさらけ出す最大のチャンスであり、自分自身と正面から向き合う最大のチャンスだと。

十数年来の長い付き合いなのに、自分の中の正体不明の気持ち悪さとこれほどまでに真剣に、長い時間をかけて対峙したのは初めての経験だった。

このゼミを履修した大きな要因の一つ、むしろ最大の要因は私の妹の存在だ。

私には妹が三人いて、一番下の妹には、「障害」がある。私は他の多くの人よりは、「障害」に触れることが多い。障害のある妹のことを、他の二人の妹と何ら変わりなく見ていると言うと感じがよく聞こえる。いいお兄ちゃんみたいな。

家の中では妹が毎食後に薬を飲んでいるし、ひとたび彼女と外出すれば、彼女を見る周りの目を少しばかり気にしてしまう。私にとって、家で彼女が薬を飲んでいる姿を見るときは、ただそこで妹が薬を飲んでいるだけの光景だが、彼女との外出時には、他の二人の妹と出かけたときとは違った感覚になる。これは、私にとって非常に気持ち悪く、不気味ですらある。家族だけの空間から、世間に社会に放り出されたときに突然彼女を見る私の見方が変わることは、とてもモヤモヤするし、周りの目を気にしてしまう自分の黒い部分が見えるような気がする。

妹を、「人」として見る自分と「障害者」として見る自分の、背反な二つの自分の存在に矛盾を感じ、それとともに気持ち悪さを感じているのだろうか。家の中では、彼女を実際に「人」として見ている。しかし、社会に出るとそうではなくなる。彼女と一緒に外を歩くのが嫌なわけでは決してないが、一緒に歩いているのは「障害者」であることを意識してしまう。さっきまでのいいお兄ちゃんはどこへやら。

しかし同時に、このように見方を変えるということは必要なことのようにも思う。単なる正当化に聞こえるかもしれないが、社会の中で見たら、彼女は紛れもなく障害者であり、できないことも他の人よりも確実に多い。そのため、社会の中では彼女を障害者と自覚して接する必要があるとも思うからだ。そうは言っても、私のこの気持ち悪さはぬぐえない。必要なことかもしれないからこそ、気持ち悪い。

社会の中の人は、障害者は障害者として扱うことが支援等の面からも行政上の観点からも都合が良いと考える人が多いだろうし、それについては私自身も反対ではない。どこかで障害者と健常者の線引きをし、括りを作らなければ何もできないとも思う。社会において、健常者と障害者の区別が必要なことも知っているし、その区別が時に差別に繋がりうることも知っている。何らかの違和感や嫌悪感を心のどこかで覚えながらも、家の中とは異なり、社会の中では無意識のうちにこの区別を私自身もしていて、障害者の括りの中に妹を含めているのだろう。

区別することは、妹のことを差別することに繋がりうる。必要なものとしての区別に同調しつつも、差別を生みかねない区別に反発する。しかし、反発しながらも区別をしている。そんな矛盾した、社会の中での自分の立場にも気持ち悪さの原因があるのかもしれない。

しかしそんなことは無視して、やはり彼女は障害の有無など関係なしに、私にはただの妹だ。それは、情が入っているからなのか。それとも、自分の妹が障害者だと思いたくないからではないのか。差別的な視点を含むともとれる思考に至ることも時にある。そして、「そんなことはない」毎回この結論に至る。

気持ち悪さについては、自分でもわからないことばかりだが、このことは、比較的自信をもって言うことができる。彼女に障害があるから、他の二人の妹と違ってどうこうということはないし、彼女に障害がなければよかったなどと思ったこともない。社会という要素抜きに、彼女単体と直接向き合うときには、彼女に障害があることを意識しないのだから、これは当たり前であるといえば当たり前だ。彼女に障害がなかった場合の中條家など想像もしたことない。

それは、障害者のいない家庭の人が、「家族が障害者であったら」と考えることがないのと同じように。

彼女と家で話しているときや一緒にご飯を食べているとき、目の前にいる妹が障害者であるとは全く意識しない。ただそこに自分の妹がいる。一方、友人とそれぞれのきょうだいの話になったときは違う。彼女が障害者であることを意識してしまう。私の中で「ただの妹」であったはずの妹が、突然「障害をもった妹」に変わる。社会によって、妹のそばから自分が引き剥がされるような感覚がある。隠そうとしているわけではないが、「障害をもった妹」の話をすることを避けようとする自分が確かにいる。そういうときは、いつも他の二人の妹の話ばかりしてしまう。本当に気持ちが悪い。「障害をもった妹」の話は、仲のいい友人にしか話してこなかったと思うし、その話をできるようになったのは、高校生の後半くらいになってからだと思う。なぜなのだろう。そうずっと思っていた。

大学に入り、自らで履修を決めるという初めてのことに、ウキウキ三割、戸惑い七割でシラバスをめくっていたときに、「障害者のリアルに迫る」という文字に目が留まった。十年以上も気持ち悪さと付き合ってきた私は、この授業を履修することをすぐに決めた。気持ち悪さについてのヒントを何か得られそうな匂いがした。しかし、この気持ち悪さから目を背けようと、というよりはむしろ、目を向けまいとする気持ちも混在していた。それは大学に入学してからも変わらなかった。

実は、この授業を履修する時もこの気持ち悪さはついてきた。大学に入って、右も左もわからず、何をするにも誰かと行動を共にしていた。教科書一つ買うにも、先輩からの情報を多く持つクラスメートと同じ物を購入した。しかし、この授業を履修することは自分一人で決め、ほぼ誰にも言わなかったし、ましてや一緒に履修しようと誘おうなどとは一切考えなかった。友人に履修を決めた理由を問われ、なぜなら妹に障害があるからだと答えることを避けたかったのだろうか。やっぱり、気持ちが悪い。

家に帰れば、私が「ただいま」と言う前に、冗談めかして「ただいま」と言ってくる「ただの妹」がいるだけなのに。そんなとき家に帰った私はいつも、「おかえり」と返事をしている。

こうしてこの授業を履修することを決めた私は、一人で教室に向かった。一人であったからか、異様な緊張を覚えた。壁もドアもガラス張りで、廊下から教室内の様子が丸見えだった。もうすでに数人の生徒が座っており、廊下を通る私に気づいた何人かがこちらを見た。このとき一瞬教室に入ることをやめようかと思った。一人で何か行動をすることに慣れていない自分の弱さが出たのだろう。しかし、ここまで来てやめるのも癪《しゃく》なので教室に入った。

まず、この気持ち悪さに対する考えを深めてくれたのは、学習障害当事者の南雲さんの回だった。彼は、ヘルパーさんが良かれと思ったことが、かえって障害当事者にとって不便となることがあると述べた。そして、ヘルパーさんがわざわざやってくれたことだからと思い、そのことをヘルパーさんに言うことができない障害当事者の方が多いとも述べた。そしてこのことから、ヘルパーさんが障害当事者に何かをするという健常者と障害者の関係、いわば上から下への関係ではなく、人と人との対等な関係であるべきだとおっしゃった。「私は、障害者である前に人なのだ。」と。

これを聞いて、私と妹の関係は、家の中では人と人の関係だが、社会に出たときは健常者と障害者の関係になっているのではないか、と考えた。さらに上から下へという感覚は、兄と妹という関係もあり、より強まっているかもしれない。見方の変化だけでなく、自分と妹の関係性全体が、対等なものから上下関係に変わるがゆえに気持ち悪さが生まれるのだろうか。だとすると、家の中での関係性と社会の中での関係性を揃えればいいということになる。家の中で健常者と障害者の関係でいるということはできそうにもないし、したくもない。ならば社会の中でも、私と妹が人と人との関係であり続けることができれば、気持ち悪さはなくなるのかもしれないと思った。しかしそれを実際にできたかというと、できていない。やってみたいけれど、なかなか難易度が高いのだ。

人と人との関係を築くことが良いということは、差別をしないという観点からも感覚的に了解される。しかし、常にその関係では福祉や社会保障の制度においては不都合だし、社会において、知的障害、精神障害のある妹に、他の人と同じだけの責任を持たせることはできない。気持ち悪さをなくす可能性は見出すことができたのだが、実際になくすことは難しいように思われた。

障害者である前に人だという言葉に思わされることもあった。大学生になって数か月が経ち、中学校の時や高校の時の友人と再会するとき、中條武ではなく東大生を求めるフリをされる場面が何度かあった。そのフリに答えておけば笑ってもらえるし自分も楽しいので、そのフリが嫌いなわけではないが、そのフリに答えるのは中條武である必要はなく、東大生であればだれでもいいような気がすることもあった。大学に入ってから出会った他の大学の人についてはより顕著で、やはり中條武というよりも、東大生の一人として見られているように感じることが多かった。メディアでも東大生として一括りにされて、批判されることが多い。私は東大生である前に中條武なんだよと言いたくなる。

一括りにされて、レッテルを張られることは、健常者であろうと障害者であろうと同じようにどこか嫌なことであると改めて気づかされた。もともと同じ人であるのだから当たり前のことのはずなのに、大学生にもなってそんなことを忘れかけていた自分が恥ずかしくなった。

もう一つ、気持ち悪さについて考えさせられる回があった。それは、重い障害のある子どもをもつお母さんたちがお話をしてくださった回だ。話すお母さんたちの姿に影響された。そこには、障害のある自分の家族のことを、初めて会った私たちに隠すことなく話しているお母さんたちがいた。私は、自分の母親の姿を自然と思い浮かべていた。

障害のある自分の家族、その中でも特別な存在であろう自分の子どもについて、ここでの一時間では語りつくせぬ、私には想像しえない悩みや迷いがお母さんたちにあったと思う。同じような悩みや迷いを、離婚し、女手一つで私たち子ども四人を育てている、私の母親も抱えているのかと思うと、私の目には涙が浮かんだ。滅多なことでは泣かない性分なのだが。

お母さんたちが話す姿からは、「障害をもった妹」の話をなかなかできない自分にはない、芯の強さのようなものを感じた。自らの子どもに障害があることを受け入れ、前を向いて、様々な困難もあろうが、子どもと共に生きていこうとする強さかもしれない。もっと言えば、この子と運命を共にするといった覚悟。そこまでの覚悟は私にはまだない。お母さんたちのようにぶれない強さがあれば、家の中だろうと、社会の中だろうと、妹と一定の関係性を保つことができ、気持ち悪さを感じないのかもしれないと思った。

しかし、それと同時にその強さを得ることは私には困難だと思った。その強さは、障害のある子どもの保護者という立場であるからこその悩み、迷いがあり、それと付き合う過程において得られるものに思われたからだ。

親から見た子は、自分が起点となって発生した存在であるが、私から見た妹はそうではない。少し大げさに言えば、たまたま同じ親から生まれたに過ぎない。ただそれだけであって、互いの存在に一切の因果関係はない。ある教授の言葉を借りるならば、障害のある本人からすれば、きょうだいは「もっとも身近な他人」なのだ。

この違いがあるからこそ、障害のあるお子さんをもったお母さんたちは、運命共同体と言っても過言ではないほど能動的に、障害の問題に関わらなくてはならないのかもしれない。お母さんたちとお子さんたちは、常に密着した存在であるように思える。それに比べると、言ってしまえば私は受動的でしかない。妹に近づくこともあるが離れることもある。それゆえに私の目には、お母さんたちが自分にはないぶれない強さを持った存在に映ったのかもしれない。

そう考えるとやはり私が、お母さんたちが持つ強さを得ることは困難、もっと言えば不可能なように思える。妹はいつまで経っても私の妹であって、私の子になることはないのだから。

ここでもまた、気持ち悪さはぬぐえないようだった。

懇親会の時に、お母さんの一人、吉沢さんとお話をさせていただいた。そのとき、この気持ち悪さを含む、障害のあるきょうだいをもつ私の考えを話した。

「母親が亡くなるまでは、妹の面倒は母親がみてくれるだろう。しかし、シングルマザーの母親が亡くなったときや、健康でいられなくなったとき、妹の面倒を見ることになるのは長男の自分であろう。しかし、第一にそれをするだけの覚悟は自分にはあるのか、覚悟があった場合、それをするだけの経済力を持てるのか、将来の自分の奥さんなどの理解は得られるのか。」

誰かに私が感じている気持ち悪さについてしっかりと話したのは、この時が初めてだった。それまでは、ずっとこのことを誰かに話すことをためらっていて、ためらっていることにも気持ち悪さを感じていた。でもこの時は、今日しかないと思った。吉沢さんがお子さんを膝の上に抱きながら、答えてくださったことが印象的だった。

吉沢さんは、私のような気持ち悪さは感じていないようだった。障害に対しての考えというか感じ方は、それぞれだと初めて実感した。そうであろうとは思っていたが、実感できたことがうれしかった。話してよかった。

「障害者を家族にもつ人は、それぞれに障害について考えていて、私にだって将来に不安だってある。」

そうおっしゃっていただいた。講義の時にはあんなにも強く見えた人の口から、「不安がある」と告白されたことは大きかった。私のモヤモヤ、気持ち悪さが共感されたわけではなかったが、家族に障害者がいる人の多くが、私と同じように障害について考えを巡らせ、それぞれになにか不安を抱えていると知ることができ、ほっとしたというかなんというか。

吉沢さんが最後に、「障害のある子どもをもつ母親の団体に私は入っているけど、障害者をきょうだいにもつ人たちの団体を作ってみては」とおっしゃったことをよく覚えている。私が、「具体的にどんな活動をするのがいいのですかね」と聞くと、「この懇親会みたいに食事会を開くだけでもいいんじゃない。そうすれば他では話しにくいようなことも話せる機会をみんなに提供することができるから」そう答えが返ってきた。

障害についての考え方、感じ方は人それぞれで、ある人の感じ方は他の人にとっては差別的に見えるのかもしれない。そう見られることを恐れて、私を含め、人は障害について語ることをためらったり、避けようとするのではないか。実際に私はそうである。しかし、それでは「障害についての理解を深める」「みんなが手を取り合い、助け合う社会を築く」のはなかなか難しいように思う。まずは、差別的に聞こえるということを恐れず、皆が口を開きやすい環境を作ることが前提なのかなと思う。このゼミには、その環境があった。だからこそいろんな意見が聞けたし、何より面白かった。そんな環境が広まればなと思う。

正直なところ、このゼミを通して気持ち悪さの正体がわかったわけでも、気持ち悪さがなくなったわけでもない。むしろこのゼミを通して、この気持ち悪さとは一生付き合っていかないといけないのではないかと感じるようになった。

私の感じている気持ち悪さを、他の人みんなが感じているわけでもない。私独自の環境や経験の上にあってこそ、そのような感じ方をするのだろう。それならば、この気持ち悪さを大切にしたい。「私だけの感じ方」そう思えば、気持ち悪さにも愛着が湧く。

私は今、障害について、「私はこう感じている」と他の人に知らせ、「あなたはどう感じているのか」と聞きたい。

4

竹村 利道

障害者の就労支援

旧来の障害者福祉に安住してきた人々の目には、竹村利道さんは「異端児」「破壊者」として映るに違いない。歯に衣着せずに相手を批判し、挑発する。社会の厳しさや障害者福祉のぬるま湯的な体質をこれだけリアルに語る人はいない。東大生たちはきっと衝撃を受けるに違いないと思った。

「共生社会だとかノーマライゼーションだとか言葉だけきれいなことを表現しても、多くの支援事業所が障害者に生活できないような賃金しか払っていない。国から補助金もらって自分たち職員は生活しているのに、障害者には数千円とか一万円程度しか払っていない。そんな施設に限って、職員が自分たちのことを『先生』なんて障害者に言わせている。職員が工夫も能力もないために障害者に十分な工賃を提供できないくせに、何でも国の責任にしている。それっておかしくないか。私たちはそんな事業者には絶対になりたくない」

過剰とも思える竹村さんの怒りは、就労系事業所で働く障害者に対する報酬（賃金）の低さにもっぱら向けられる。

福祉的就労といわれる「就労継続支援B型事業所」で働く障害者の平均賃金は、月に一万五千円程度に過ぎない。これでどうやって自立した生活ができるというのだ、事業所には国から補助金が入り、職員たちはその補助金で給料をもらっているのに、どうして障害者にはお小遣い程度の賃金しか出さないのだ、というのである。

竹村さんは、高知県内の社会福祉協議会で働いていた。障害者施設や作業所で知的障害のある人々などが、ほとんど生産性を感じられない単純作業を毎日繰り返しているのを見て、強い疑問を感じていたのだという。どんな仕事や作業にも貴賤《きせん》はない。貴賤はないが、売り物にならないものを作らされ、文化的価値の感じられない作業を繰り返させられていることにどんな意味があるのか。これでは障害者に自立生活できるだけの賃金も払えるわけがない……。竹村さんは素朴な怒りを募らせていたのである。

当時、障害者施設には「更生施設」と「授産施設」の二種類があった。「更生施設」は、重度の障害者が周囲の人に迷惑をかけずに生活できるように身辺自立の訓練をしたり、何か生きがいを持って暮らせるような作業をしたりする場だった。「授産施設」は、比較的軽度の障害者がパンを焼いたり簡単な部品組み立てや農作業などをする場だった。〝できない障害者〟を更生したり、仕事を授けたりするという古い障害者観がその根底にある。

ＮＰＯ法人「ワークスみらい高知」を竹村さんが立ち上げたのは、二〇〇四年のことだ。初めは失敗もあったが、高知市の繁華街におしゃれなレストランやカフェを作り、伝統的な白壁の倉庫を改装して美術館をオープンし、日本酒バルの店を出す。実際に店に行ってみると大勢の若い顧客でにぎわっていた。障害者の支援をしている事業所にはとても思えない。おそらく、利用客のほとんどは障害者が働いているのを知らないか、知っていても意識していないであろう。もちろん、ここで働く障害者には最低賃金以上の給料を支払っている。

地元で大いに話題になったであろうことは想像に難くない。障害者の支援事業所なのにこんなにおしゃれな店を営業している、ということで地元のマスコミが取材にやってくる。しかし、竹村さんはそうした取材はすべて断ったという。

「障害者が働いている店、障害者が作った商品。そんな理由でお客さんがやって来るのは最初のうちだけ。そんなことでは世間には通用しない。本当に良いものを作り、良いサービスを提供しなければ継続できない」

どら焼きを障害者が作る。質の良い美味しいあんこを取り寄せているので味には自信がある。しかし、最初のころは慣れていないので、あんこがはみ出したどら焼きもあった。取り引き先から苦情が来ると飛んで行って頭を下げた。「障害者が作っているものですから……」。のど元まで言い訳が出そうになるが、ぐっと我慢して飲み込む。「私たちは、障害者を売りにもしなければ、言い訳にもしない」。

ワークスみらい高知を設立して十年以上が過ぎるが、その過激な言動や仕事に対する妥協のなさはいささかも変わらない。むしろ鋭利な刃物を思わせる言葉にますます磨きが掛かってきたようにも思える。竹村さん自身がどこまで意識しているのかわからないが、「破壊者」の刃先が向けられているのは古くから形成されてきた障害者支援に携わる人々の思想や文化とも重なるものがある。

障害者福祉を担ってきた人々の系譜はいくつかあって、戦後に篤志家が慈善事業として入所施設を建設し、それが社会福祉法人となって事業規模を拡大してきた保守本流ともいえる人々。二世や三世が経営を引き継ぐケースが多く、地元の行政や保守系議員らと結びついて強い政治力を持っている事業者が少なくない。

もう一つは、入所施設での隔離収容型福祉を批判し、小規模作業所やヘルパー派遣事業所などを細々と運営してきた後発組で、思想的にはリベラルで反権力を標榜している人々だ。ヘルパーの支援を受けながら地域での自立生活を実現してきた身体障害の当事者たち、彼らに共鳴しながら知的障害者の自立生活を模索している支援者や研究者が思想的な柱となっている。障害とはあまり関係ない反権力の社会運動をしてきた人々が参入しているところもある。

介護保険が二〇〇〇年に始まり、この国の福祉が行政を主体とした「措置制度」から、民間のサービス提供事業者を主体とした「契約制度」へと切り替わったころから、リベラル福祉勢力が社会的発言力を強めていく。

障害者福祉も二〇〇三年に「支援費制度」という「契約制度」が始まった。財政的な裏付けがないまま、地域での自立生活を実現するとの夢が喧伝《けんでん》されたため、知的障害者のガイドヘルパー利用が爆発的に増えたこともあって、財政はパンク状態になる。

こうした財政的失敗を踏まえて厚生労働省が打ち出したのが、「障害者自立支援法」である。サービス利用者に原則一割の自己負担を導入したことなどから、当事者団体を中心とするリベラル勢力から一斉に政府批判が起きた。保守派である伝統的な施設経営者たちも、自立支援法が始まった当初に補助金単価がかなり低く設定されて収入が減ったことから、政府批判に同調するという奇妙な一体感が見られ、全国各地で自立支援法を憲法違反とする訴訟が起こされた。マスコミ報道も加担して、〈障害者自立支援法＝悪〉との図式が出来上がった。

一方で、自立支援法以降、障害者福祉の予算は毎年二桁の伸びを続け、全国各地で新しいサービス提供事業所の開設が相次ぎ、若手職員が地域の地場産業や伝統技術を継承して魅力的な活動を展開し、経済的にも高収益を上げるケースも見られるようになった。こうした大胆な事業展開をしている若手事業者たちは、「第三の波」とも呼び得る層を形成している。第三の波の中には、ビジネスチャンスを嗅ぎ取って営利目的で参入してくる企業や起業家もいる。

「障害者の生活が苦しいのは支援者である職員や施設経営者のせいである。自分たちの無能さや怠慢を棚に上げて政府にばかり責任転嫁するな」竹村さんはそう主張する。自立支援法批判をしてきたすべての勢力に真っ向から刃を突き付けているのである。

このゼミは、福祉制度や支援技術について学ぶことを目的にしていない。むしろ学生たちが先入観なしに障害者のリアルを感じられるよう、あえて障害者福祉の基礎知識には触れないようにしている。そうした背景を知らずに、竹村さんの活動の真の価値や意味がどのくらい理解できるだろうかという懸念はあったが、強烈な「破壊者」の言葉が東大生の知性や感性に斬りこんでいくのを間近で見たいと思った。

社会的弱者と最高学府

丸野 悠我

私は、障害者に対して「親身になる」ということができない。世間一般的には、当事者意識をもって取り組むことが良いことで、他人事の感覚で取り組むことは悪いことである。しかし、今までこれといった障害を持たなかった自分にとって、障害を持つ人の気持ちになること、自分を当事者として考えることは不可能に思える。障害者のことが分かるのは障害者だけだろう。いや、そもそも障害にも種類、程度があるし、境遇も人それぞれなのだから、親身になれるのなんてきわめてレアケースに決まってる。

こんな考えを持つ私だから、「障害者の気持ちになって」、「当事者意識を持つんだ」といった発言には、たびたび違和感、というか嫌悪感をおぼえる。もちろん、その言葉を発する人の背景は知らないからその言葉を否定することはできないし、私が考えているのとは違う意図があるのかもしれない。しかし、少なくとも私には、それらの言葉を実行することはできそうもない。仮に自分が「障害者の気持ちになって」みたり、「当事者意識を持って」みたりしても、中身は全く伴わないと思う。障害者と同じ目線に立ったことのない私なんかがそんなことをすると、障害を持つ人々から「私たちの苦労なめてんのか」と怒られてしまうんじゃないか、とさえ思ってしまう。しかし、私は障害者を支援することには、興味がある。

当初は障害者支援に対して、「障害者を助けようなんて、見下してるようなものだろう」と思っていた。しかし、途中で、障害者は「人間的に」は弱くないが、「社会的に」は弱い立場にあるのだ、ということに気づいた。健常者を基準とした社会の仕組み。その中では、障害者は不適合者として多大な苦労、不利益を被ることになる。そんな社会の仕組みは、非常に傲慢だと思った。そして、その傲慢さに嫌悪感を持ち、「社会的弱者である障害者の手助けをしたい」と考えたのが、障害者支援に対する興味の始まりだった。

障害者雇用に携わり、起業もしている竹村さん。私は障害者雇用に興味があり、起業も夢としてもっていたため、あわよくば参考にしたいと、いつもより一層乗り気で話を聞いた。

講義を聞いていてまず抱いた感想は、「もし自分が竹村さんの人生を歩んでいたら、何度死んでいただろう」だった。それだけ、話を聞く前は「障害者がこの社会で働くこと」を理解していなかったか、甘く見ていたか、ということだ。

竹村さんの話によると、彼は一度事業に失敗して死ぬ寸前まで追い込まれたらしい。その原因の一つが、「障害者ブランド」だったという。つまり、「障害者が作った」というのを売りにすることだ。自分も障害者雇用について考えるうえで、稚拙《ちせつ》ながら事業内容など想像してみたりもしたし、その中に「障害者が働いていることを宣伝して稼ぐ」みたいなことも考えたことがある。だから、その方法が誤りだったと聞かされ、自分が恥ずかしくなった。それはそうだ。

消費者からしたら誰が作ったかより品質重視だろう。しかし、それ以上に「障害」を軽く見ていたことが恥ずかしかった。

「『障害』という名前を借りれば金儲けができる。」竹村さんがどうだったかは知らないが、自分が考えていたのはこんなことだ。障害者の中にはあまり苦労せず、障害者と健常者というカテゴリーを日々実感せずに生きている人もいるかもしれない。一方で、「障害者だから」という理由でいじめやハラスメントを受ける人だってきっといるだろう。私はそういったことを全く度外視し、「障害」を商品としか見ていなかった。そこに、どのようなバックボーンがあるかも意識せぬまま。恥ずかしいを通り越して、自分を殴りたくなった。障害者を取り上げたテレビを見て、「障害者を使って金儲けをしている」と考えたことがあるが、自分も全く同じだった。

「東大生ブランド」という言葉もある。日本の最高学府に通う「東大生」という肩書は、商売やイベントの開催からバイトの面接まで、幅広く役立てられる。「あの高学歴の東大生だから。」聞く側はそんな風なことを考えてくれるから、なんの肩書もない場合よりはるかにスムーズにことが進む。実際、私が東大に入学するにあたって『東大生ブランド』を利用しようというつもりなど一ミリも無かった」などとは言えないし、入学した今となってはむしろ利用するのが当然のようになってきた。しかし、「東大生」という肩書を利用する一方で、『東大生』としてではない、『丸野悠我』という人間として、自分を見てほしい」とも思ってしまう。自分からそんな状況を作っておきながら、それでもこの欲求は生じてしまうのだ。

なら、「障害者」という肩書を強いられた人たちは、「障害者ブランド」をどう思うだろうか。少なくとも私以上に快く思わないだろう。「親身になれない」という言葉に甘えて、自分の境遇を顧みることができていなかった。商品としてでなく、まず人として障害者を見つめる経営者になる。私の夢が上書きされた。

ティッシュや割りばしの袋詰めといった単純作業をさせ、時間当たり五十〜一〇〇円の小遣い程度の額の工賃を支払う。障害者就労施設ではざらにあることらしい。延々と単純作業をやらされて支払われる額が一日で一〇〇〇円弱程。まだ自分ひとりの力で生活できていない若輩者だが、言わせてもらう。「傲慢だ。」障害者だからと指導の労力を惜しんで単純作業ばかりさせているのではないか。障害者だからと軽く見てこんな薄給で働かせているのではないか。いずれにせよ、これほど割に合わない仕事をさせるなど、傲慢にもほどがある。竹村さんの話を聞きながら怒りに近い感情を抱いていた。しかし、後に割に合うかどうかだけが問題ではない、ということを思い知らされる。

「障害者雇用の環境が最も悪い地域は、君の地元だよ。」講義後の懇親会で竹村さんから言われた言葉に衝撃を受けた。まさか、自分が「障害者の手助けをしたい」とか夢を見ていたすぐ近くで、沢山の障害者が薄給でティッシュの袋詰めをしていたとは……、などと思っていたら、そうではなかった。

障害者の求人をして、雇った障害者には業務時間中お茶などをしてもらう。雇った側には、政府から障害者雇用の助成金が入る。その助成金の幾ばくかを障害者に払う。このような企業が私の地元には多く存在するらしい。払われる金額もほかの施設と比べると多めだそうだし、仕事内容も全然大変じゃない。割に合っているかどうかと聞かれれば、まあ割に合っている。

「完全に障害者を馬鹿にしている。」私はそう思った。そのような企業を営む人々が何を考えているのか知りようもないのだが、少なくとも私には、「障害者にはどうせ何をやらせても大した金にはならないのだから、じっとしておいてもらおう」と考えているように思えてならなかった。「障害者雇用には、障害者の職業人としての自立を促すという理念があるのに」とか、「障害者の社会進出のためにはそんな仕事内容じゃだめだ」とか、言いたい言葉はたくさんあるが、何より強いのは、むしろ言葉にできない怒りだった。

部活できつい練習についていけず、コーチから「お前は休憩してろ」と言われた時のことを思い出す。一見ただの気遣いのようだが、そうではない。見くびられたのだ。見限られたのだ。お前はもうだめだと。そのようなことを、企業が障害者に「作業をさせない」という選択をすることで突き付けているのだ。私には、それがとても許せなかった。そのような愚行が自分の地元で最も活発に行われているというのだ。どこか裏切られたような感覚に襲われた。

この原稿を書きながら、自分は何を言いたいのか、自分は今後どのような姿勢で「障害者」と向き合いたいのか、よく分からなくなった。私には障害があるわけではなく、それに近いコンプレックスを抱いているわけでもない。だから、障害当事者から聞いた話から自分の人生を見つめ直す、というのは、いまいちしっくりこない。だからと言って、「障害者雇用に携わる」という夢に向かって何かをしよう、というのもどうにも現実味を帯びない。そもそも何をどうしたら実現するのかもわかっていないし、正直今やるべきことでいっぱいいっぱいだ。その上、竹村さんの人生が自分の想像をはるかに超えていて、「俺に同じ道をたどれるのか、たどれないにしても同じゴールにたどり着けるのか」などと不安になってしまう始末である。

だが、自分の中で以前よりずっと強く思うようになったこともある。

「もっと知りたい。」

好奇心から、というのももちろんある。「障害」について、私はまだ知らないことが沢山あるし、自分が知らないことを知るのは非常に楽しく感じる。ただ、それ以上に「知らないままにしたくない」という思いが強かった。私は先程、障害者雇用の現状に、それに携わる人々に対する不満を述べた。これらは私が感じたありのままで、嘘偽りは無い。ただ、「私が知らないだけで実はこの人たちにも事情があったんじゃないのか」「私が同じ立場なら同じことをするんじゃないのか」とも考えてしまう。考えすぎかもしれないが、そうは言いきれない。私はまだ、十分には知らないのだから。「知らない」ということは、一度自覚してしまうと途端に自分の思考を、行動を制限してしまう。それが嫌なのだ。「これはこうあるべきだ。」「それは間違っている。」堂々とそう言いたい。誤ったことに屈したくないのだ。講義のＶＴＲの中で、竹村さんはほかの障害者就労施設の職員の方々にこう言っていた。「(障害者に)最低賃金以上の賃金を払えないのはおかしい」と。これは、竹村さん自身が実行しているから、不可能ではない、ということを身をもって知ったからこそ言える言葉なのだろう。

私はこれからもこのゼミを通して、もっと障害者のリアルを知っていきたい。障害者を自分と重ね合わせてみるにも、「障害者雇用に携わる」という夢を語るにも、偉そうに不満を口にするにも、まずはそこがスタートのような気がする。

5

牧野 賢一

＋軽度の知的障害者

罪に問われた障害者

産業社会が発展し、都市に人口が集中するようになってから、どの国でも障害者は社会から無用の物、邪悪な物のように扱われてきた。差別解消法や虐待防止法を勝ち取ってきた障害者運動はそうした当事者の悲しみや憤りを原動力に進められてきたと言える。

しかし、被害者としての側面に光を当てるだけでは、障害者の真実に近づくことはできない。隔離され、差別され、見捨てられながらも、彼らはしたたかに社会のアウトサイダーとして時代を生きてきた。時には刑事事件の加害者として司法やメディアの領域に登場することもある。彼らの存在そのものが放つ生々しい臭いにまみれなければ、障害者のリアルに迫ることはできないだろう。

そういう意味では、牧野賢一さんはゼミの核心を突くテーマを教室に持ち込んでくれた人と言える。35年間入所施設の中で暮らしてきた知的障害者、風俗店で働いていた軽度の知的障害がある女性、触法行為をして刑務所に服役していた若い男性障害者らを次々と東大駒場キャンパスに連れてきてくれた。いずれも牧野さん自身が運営するグループホームの利用者であり、牧野さんは波乱に富んだ彼らの人生を受け止め、自ら社会の偏見の矢を受けながらも彼らの居場所を守ってきた福祉専門職である。

どこかヒリヒリした緊張感が教室に張り詰めたのは、年齢的にも東大生たちと近いからかもしれなかった。風俗店で働いていた女性や触法行為を働いた男性たちは一見したところ「障害者」には見えない。話を聞いてもどこに障害があるかわからなかったはずだ。

寝たきりのALS患者、盲ろうの重複障害者には一目瞭然の「弱さ」があり、二十歳前後の東大生たちとは明らかに異質な存在だった。そして、彼らが持つ知的能力の高さや社会にアグレッシブに挑む行動力は、身体的な「弱さ」を持っているがゆえにひときわ輝いて見えるのだと思う。憐みや同情を寄せ付けない輝きの中に、学生たちは自分の知らない障害者のリアルを感じたはずなのである。

ただ、ALS患者の岡部宏生さん、盲ろうの福島智教授は社会的にもよく知られた障害当事者のリーダーであり、「選ばれた」特別な存在でもある。外形的には若くて健康的な東大生たちと最もかけ離れているように見えて、実際は学生たちが心情的に共感できるゲスト講師であったのかもしれないとも思う。

牧野さんとともに現れた軽度の知的障害者たちはどうか。

東大生たちが小学生のころの教室にこんな子どもたちがいたはずである。中学、高校、大学と進学するにつれて、子どもたちの集団は偏差値というものさしで測られた似た者同士の集まりになっていく。そうした日本の教育システムの最高峰に上り詰めた東大生たちが、自らとは対極の人生を歩んでいるかつての級友の影を彼らに感じたとしても不思議ではない。それまでのゼミとは質の違う緊張感が流れていたのはそのせいかもしれない。

かつて、彼らのような軽度の知的障害者はほとんどが「障害者」と認定されず、したがって公的な福祉サービスの対象とは考えられてこなかった。貧困などで生活困窮の状態にある人々が多かった時代には、軽度の知的障害者は一般の困窮者の群れの中に埋もれていた。暴力団組織に身を寄せていたり、風俗で働いたりする人は今も多く、触法行為をはたらいて刑務所に入る人もいる。いわゆるアウトサイダーである。

第一次産業や単純な製造業には軽度の知的障害のある人々ができる仕事がたくさんあったが、現在のような情報化やロボット化が単純作業を人間から奪うような時代になると、軽度の知的障害者の居場所が社会から消えていき、彼らは福祉の対象である「障害者」として、浮かび上がってきたのである。

軽度の知的障害者は福祉の現場で必ずしも歓迎されているわけではない。障害の重さによって補助金単価が決められている報酬体系では、福祉施設の経営者にとっては軽度の障害者よりも重度の障害者の方が、得られる補助金は大きい。

しかも、軽度の障害者は一般的に社会との接点が多く、トラブルに巻き込まれたり触法行為に問われたりする頻度が、重度の障害者よりは高い。同じ障害でも、食事や風呂や衣類の着脱に至るまで、日常生活全般に介助を必要とする寝たきりの障害者とは支援の中身がまったく違うのである。

たとえば、牧野さんが支援している軽度の知的障害者の中には、女子高校生たちに自分の名刺を渡すことにこだわりのある人がいた。自分の名刺をもらってもらえるまで納得できずに女子高生を追いかけ回すものだから、警察ざたになることも一度や二度ではなかった。そのたびに牧野さんは警察に出向き、時には警察官と激しくやり合って彼らを引き取ってきたという。

学生時代に牧野さんは人類史を専攻したという。木の上での生活から地上に降り、歩き出したところから人類の文明は始まる。移動こそが人間の本質であり、移動して他者に出会い、違う価値観と衝突しながら進化してきたのが人間というものである、と福祉のシンポジウムで牧野さんが語っていたのをおぼえている。

障害者福祉サービスを利用する際には、相談支援専門員によるサービス等利用計画の作成が義務付けられているが、計画書の自由記述欄に使われているキーワードで最も多いのは「安定」と「継続」だという。たしかに、家族にとっても福祉スタッフにとっても障害者の心身の状態が不安定であるよりも安定して欲しいと思うだろう。不安定になってサービス利用が継続できなければ家族の負担や心配は増し、事業経営者にとっても安定して利用してくれた方が補助金の収入の見通しが立ち、経営がしやすくなるというものだ。

しかし、若い障害者は「安定」と「継続」だけでいいのだろうか。刺激の少ない入所施設で決まった活動プログラムをしながら毎日を送っていれば、障害者の生活も心身の状態も安定するかもしれない。しかし、若いころは「挑戦」や「冒険」「飛躍」をもっと求めてもいいのではないか。あるいは「逸脱」して痛い目にあう経験が人生の幅を広げ、いわば隠し味となってその後の人生に濃厚な豊かさを生み出したりするのではないか。

冒険や逸脱を家族や支援者が敬遠するのは自分たちにのしかかる負担の重さからである。地域社会でトラブルを絶えず引き起こし、触法行為をはたらいて警察にやっかいになる障害者を守っていくことに比べれば、入所施設の中で障害者に安定した暮らしを提供している方がはるかに楽であるには違いない。

日本には入所施設で暮らしている障害者が約十三万人、精神科病院で社会的入院をしている障害者は約二〇万人もいて、欧米の先進諸国に比べて突出して多い。隔離収容型の福祉には以前から批判が浴びせられ、厚生労働省も地域福祉へと軸足を移した施策展開を模索してきた。地域生活を支える福祉サービスはここ数年にかなり拡充してきたが、施設や病院内の障害者の数はほとんど減っていない。

冒険し逸脱する生身の人間としてではなく、安定し継続して福祉サービスを利用する障害者であることを求める巨大な岩盤に挑み続けているのが牧野さんである。逆風に煽られながらあくなき探究を続ける反骨の気高さ、そして「福祉」という枠から外れた障害者のリアルを東大生たちはどう感じるだろうか。

「違い」と「同じ」

氣駕 知明

「日の当たる世界」で、ぬくぬくと生きてきた。お金のかかる教育を受けて、私立の中高に進み、受験のために塾にも行った。そして受験の一歩先を見通して、大学で、人生で何かやりたいことを見つけるないし、見つけようとすることもなく、ただ「東大に受かりたい」という目の前の目標に自分を没頭させて、十八歳を過ごした。受験勉強を通じて、人間として成長したとか、かつてとは違った人生観や世界観を得たとか、そういったものは存在しなかった。点取りゲームという世界。正解が存在する「問い」に、「答える」ことがすべての世界だった。

大学に入ってから何をしに来たのかわからない。今振り返れば、学校という建物の外に飛び出す経験があまりなく、社会との接点も強烈に乏しかった当時の自分にとって、なぜ学ばなければならないのか、学問の価値とは何なのかということを考えたり、大学生活をどのようにして組み立てていくか想像してみたり、自分なりに向き合うのは難しかったのかもしれない。本当に幼かった。

それに、大学生が直面する一般的な悩みの多くに関しても自分が例外というわけはなく、悩まされた。結局何をしてよいかわからず、何にも属しておらず、何にも縛られていないけれど、何もしていないといえるかもしれない自らの状況、つまり、「自由」に戦々恐々として生活していたのだ。

「最もしてはならない、最も後悔する、最もしたくない大学生活ランキング」で、ぶっちぎりの一位であろう大学生活を爆走していると思っていたそんな二年の春、ある友人の誘いがきっかけで「障害者のリアル」というこのゼミに参加した。

はじめに何か期待していたということは正直全くなかった。強いて言うならば、未知なものに対する興味だけ。しかしそこで見たのは、世間的価値観とは大きく離れた「取り扱い注意」の価値観、全く見たことも聞いたことも想像したことすらなかった「違う世界の人間たちの生き方」だった。

東京大学にいる人間も十人十色という大前提のもとに立ち、それでもあえて東大生たちの共通点を挙げるならば、それは「東大生という立場に一定の評価を受けること」だと思う。僕自身、ある教育の整った環境の中で育ち、社会の中で生きるうちに、東京大学なるものが存在し、学生のうちは学業に努力をするのが大切だということを観念として持っていた。

今学生生活を振り返ってみると、人間として結果的に成長できた部分の多くは、受験勉強とはあまり関係のないものだったことを痛感するが、それと同時に、大学生になって同じくらい痛感したのが、そうした受験勉強を通じて獲得した「東大」の持つ社会的な力だった。アルバイトをするにしても時給は高い。自分のことを全然知らない人も「東大生」であることで自分のことを「賢い人」とみなす。「東大生」であることは多くの場合、社会に出て無条件で一定の評価を受けることを可能にした。一方で「障害者」とは、そういった意味ではまさに真逆な立場にいる。そうした前提があることを認識することは、このゼミで考えるための出発点になる。

多くの授業の中でも僕は、軽度知的障害者、触法障害者の就労支援をしている牧野氏と、そこで援助を受ける触法経験をもち、知的障害をもった二人がゼミに訪問した際に思ったこと、考えたことを書いてみたいと思う。

触法障害者の訪問の回は、ゼミの初期に行われた。軽度知的障害者を支援する社会福祉団体の牧野さんとその支援を受ける二人が前に並び、それに東大生三十人ほどが向き合って座った。授業が始まり、話が展開するまで何とも言えない異様な雰囲気を帯びていた。明らかに、「こちら側の世界」と「あちら側の世界」が教室に存在していた。そういう境界線を自分は観念としてなんとなくだが、それでいて確実に引いていた。多くの人もまた然りであろう。何が始まるのかというワクワク感は高まったが、今考えればその大きな前提として、「こちら側に座っている」という無意識の安堵感みたいなものがあったことは否定できない。

授業では実際にその触法障害者の二人から自らの人生について聞き、直接話す機会があった。幼い時から学校や周囲のものになじめなかったこと。友達ができにくかったこと。大人になっても仕事に就けず、食べていくことさえ困難であったということ。食べ物欲しさに物を盗んでしまったことが、生きる必要に駆られての犯罪だったということ。障害者から搾取をするような福祉団体が社会には存在すること。訪問者の口から出てくるのは、僕の想像を超えた厳しい人生だった。厳しいと言ったらそれまでだが、生きるか死ぬかという問題に向きあったことがない自分には、なんだか物語の中の話にしか聞こえなかったのだ。

ただし、そういった人の人生談のようなものを、本を買って読むこととこのゼミが決定的に違うのは、その人たちの「顔」が現実世界で確認できたことだと思う。何かについて考えたり感じたりするときには、やはり人間の「顔」を思い浮かべられるかどうかで全く話が変わってくる。「顔」を知れば、自分にとって遠かった犯罪や知的障害のことについて、これから目を背け続けるのは難しいと思う。ずっしりとして重たい記憶として、脳の中に堆積《たいせき》し続けるからだ。

そしてそうやって訪問者の話を聞きつつ、自分自身のことと照らし合わせて考えてみた。楽しかった学校生活、そこでできた友達、食べることに困ったことはなく、それに感謝することすら忘れてしまいがちな生活。そして社会においてそうした罪を裁く立場にいる人間の多くは、どちらかといえば自分に近い環境出身の人間であるという事実。その事実に、「なんで？」と突っ込みを入れてみても答えはない。ただ、自分の意志とか人間の意志の外で働く力が存在するのだということを認識する。ただ、「なんでだろう？」と思ったのもこの時が初めてだった。

全体の話が終わった後に、今度は触法障害者の人たちと個人個人で質疑したり普通に話したりする時間になった。ところがその時間には、全体で受けた話によって感じた事とはまた異なることを感じた。話してみると本当に普通のやり取り、コミュニケーションだった。ゲームや音楽など共通の趣味が普通に存在した。「笑い」という共通語もあった。互いに将来の夢を語った。今考えると当たり前のことなのかもしれないが、その時は全く違う世界の人としてその人たちを認めていたため、共感するなんてことを前提に話してはいなかった。しかしそこにあったのは、違う世界であると認め、境界線を引いた世界の人々との、漠然として言葉にはできないが確実に存在する「同じ」ものだった。

Make difference.「違いを生む」、ひいて「重要である」と訳す。

違いを生むことの重要性は痛いほど認識しているつもりだ。色々な人が多様な力で異なるものを作り出すからこそ、生きていて楽しい。だから、そういう違いを生み出すことが重要なのだと確信している。

しかし、このゼミでの体験で感じたのは、どんな世界でも、どんなに決定的な「違い」が存在する状況にあっても、そこに確実に存在する「同じ」もののことだった。趣味、好きな食べ物、恋愛、将来。どれもこれも生きる人間として共通の視点であり、そういった話には常に沸いた。最終的に人が着陸するところは、「同じ」かもしれない。

「違い」は見えやすい。けれど「同じ」ものは意外と見えにくい。

そして、「同じ」ものがあることに気づくとき、人生にとって何が重要なのかをもう一度考えなければいけないと、「同じ」ものに囁かれている気がする。当たり前のように認める「make difference」。価値だけでなく、人として「find something in common」もまた、「重要である」と思う。この世界には本当にたくさんの境界線が存在し、その境界線があるおかげで生きていけている面は多々ある。しかし、自分がそうした小さい境界線の世界の中にいることを実感し、境界線を越え、その外にあるものを見て、聞いて、感じることにより、「同じもの」を見つけていく必要がある、と今は考えている。国境にせよ社会的な枠組みにせよ、それは人が作ったものなのだから、それを頭の中で取っ払うことは不可欠だ。

ゼミに訪問してくれた知的障害をもった人は自分にこう言った。「今は牧野さんたちの支えの下で暮らすことができて本当に幸せです」と。働くこともままならず、知的障害を抱える境遇であったにもかかわらず、「幸せ」だと言ったことに驚いたし、その「幸せ」という言葉に疑問さえ持った。

今考えると、「幸せ」と「不幸せ」の境界線も多くの場合、自分が勝手に設定しているものに過ぎないのではないかと思う。自分もみなと同様、日々「幸せ」像をつくりだし、それに向かって邁進しているが、その境界も結局は自分が作った小さいものに過ぎず、自分が「不幸せ」だと考える境遇や状態のなかにも、気づかず見えていなかった大切な「幸せ」が潜んでいることがあるのだろう。だからゼミの時に聞いた、あの「幸せ」という言葉に疑問を抱いたのは、つまり自分は「幸せ」を知っていてこの人はそれを知らないのだ、と思ってしまった傲慢な気持ちに由来するのかもしれない。そういう観点から言えば、他人の「不幸」に同情するというのも一種の傲慢なのだと思う。「絶対的な不幸」など存在しないのだから、相手に自分の作った「不幸」像をあてはめそれに同情するというのは、心を推し量ってやる温かい行為とは違う。

これは、障害者に対する「気遣い」の話についても言えることだと思う。障害をもった人もそうでない人も、何に喜び、「幸せ」を見出すかなんてわからない。健常者が考える「幸せと不幸せのボーダー」を彼らに押し付けるほど、彼らにとって迷惑なことなどないと思う。それは相手を尊重する気遣いとは違う。それに気づくためには、一つ一つ境界線をなくしていかなければならない。そしてそこで見つけた「同じもの」こそ大切にしていかなければいけない。本当に自分で確かめなければ、絶対に知りえないものがこの社会には多く存在している。

確か大学のフランス語の授業の時間だったと思う。「a condition humaine」。「人間の条件」。ある小説で出てきたこのフランス語のワンフレーズについて先生が語り始めた。曰く「フランス文学の歴史的営為は、この『人間の条件』というものについての探求だ」と。この話を聞いた時、ふとこの障害者のリアルゼミでの体験が思い出された。

人は何よりも「条件」が全然違う。人は本当に自分で選択してもいないし望んでもいない「条件」下で生きていること、この当たり前の事実をリアルゼミで突き付けられた。しかし、人間それぞれの生まれながらにしてさらされる「条件」もそれぞれ固有のものである故、そういった「条件」にさらされて初めて見えてくる、その人しか至らない考えやその人しかできない義務みたいなものがあると思う。

人生はまさに生まれながらにして何か背負わされる「条件」に拘束されつつも、まさにその

「条件」があるからこそ、それに真剣に向きあうからこそ、その人だけの生きがいというものもあるのだと授業を受けていて感じた。

何が自分にとって大事なものなのかはまだ完全にはっきりしないが、はっきりしないからこそ、目の前のものには一つ一つ真剣に向きあい、一日一日自分の考えを常に更新し続けることが、今できる最大限のことだと考えている。

境界線

高岡 祥之介

まず、自分のことについて話さなければならないだろう。

僕は東京で生まれ、東京で育った。共働きの両親のもとで、一人っ子として育ち、中学受験で中高一貫校に進み、一浪して東京大学文科一類に入学した。自主自律を重んじる中高では、勉学よりも部活や学校行事の方に力が入った。小さい頃から人と一緒に何かを作り上げるということが好きで、音楽祭での合唱、体育祭での応援団、文化祭での演劇、部活のバスケットボール、バンド活動。興味のあることにはとにかく手を出してみた。あまり人見知りもしない性格なので、色んな人と関わってきた。知らない人と知り合うことは、いつも僕に新鮮な刺激を与えてくれた。

しかし、人と関わる時に、僕はいつも茫漠とした寂しさや不安を感じていた。しかもそれは、仲が良ければ良いほど、強く僕の胸を締め付けてきた。どうしてなのか自分でも分からずに、人と時間を過ごす楽しさと並列に感じる寂しさを、ただ重りのように抱えて生きてきた。

今思い返してみると、それに最初に気づいたのは十歳の時だった。自分の伝えたいことと、相手が受け取った内容に何か齟齬《そご》があることに気づいた。きっとよくある話だ。自分は相手を傷つけるつもりはなかったのに、相手はひどく傷ついたように顔を伏せ、最後には泣き始めた。周りの子たちは揃って僕を責めた。その様子を今でもはっきり覚えている。そういうことがその後度々あった。

最初は、自分の無神経さや軽率さについて自己嫌悪になった。「どうして僕は人を傷つけるようなことを言ってしまうのだろう」「どうして僕は相手の気持ちを推し量ることができないんだろう」、そういった問いかけが自分の中で反芻《はんすう》して、自分は人に対しての思いやりに欠けた人間なんだ、という確信を心の深くに刻みつけた。

「お前は友達が多いけど、あんまり特定のやつと深く関わらないよね」と、友人に言われたことがある。それは事実だと思う。今まで、いつもこの人と一緒にいる、という相手はいなかったように思う。気を使ってある程度の距離を保っていれば、配慮に欠けた言葉を言うこともない。逆に、本当に大切な人を作って、その人にひどい言葉を投げかけて傷つけるのが怖い。別に意識的にそうしているわけではなかったが、思い返せば、僕はたくさんのコミュニティに顔を出し、そのどれか一つに没頭するということはなかった。特定の誰かに依存するのは怖い、ただ孤独はもっと辛い。おそらく無意識にそう考えた少年時代の僕なりの解決策が、薄く広い人間関係、というものだったのだろう。

そんな自分の臆病さを自覚し始めたのは、高校生の頃だった。学校行事やバンド活動や、その頃流行り始めたＴｗｉｔｔｅｒやらで、新たに知り合う人が増え、多種多様な人々と交流するうちに、僕に新たな疑問が浮かんだ。「人は皆、本質的に孤独なのではないか？」というものだ。

どんなに大切な友人や恋人とさえ、完全に分かり合うことはできない。当たり前だ。違う人間なのだから。でもそれはつまり、絶対に誰からも理解されない部分があり、誰もが本質的に孤独を抱えているということだ。そしてそれは絶対に解消されることはない。そうであるならば、僕が抱えているこの寂しさは一生消えないということだ。誰かに自分の全てを肯定してもらいたい、という歪んだ承認欲求は永遠に満たされることはない。「個性」や「自分らしさ」といった慰めのためのフレーズが、僕にはナイフのように突き刺さる。僕の感じる孤独や寂しさを、完全に理解してくれる人は絶対に現れないからだ。

そうした思いを抱えたまま、僕はこのゼミに出会った。

足りない単位を補うためにシラバスをパラパラとめくっていたら、「障害者のリアル」というフレーズがなんとなく目についた。中高時代から、「障害者」関係の内容は興味があった。理由はよく分からなかったが、それはいわゆる福祉的な精神というよりも、むしろ障害というキーワードの持つ異質さが、僕を惹きつけたような気がした。

「触法障害者」というフレーズは、ずしりと重みを感じる言葉だ。某テレビ番組しかり、なんとなく世間一般には障害者というのは綺麗なもの、聖人化されたもの、というイメージがある。それが、健常者との乖離《かいり》感を生み出してしまっている原因なのではないかとも思う。

そこに、触法障害者、つまり犯罪を起こしてしまった障害者たち、というテーマがある。障害者も当然人間なのだから、犯罪を起こす人もいる。しかし、障害者が犯罪を起こした場合、それはその人の人格のせいなのか、それとも障害のせいなのか、という疑問が生じる。そもそも人格と障害を区別することができるのか、という問いもある。

今回お話しして頂いた当事者である軽度知的障害者の二人は、鮮烈なライフヒストリーを綴ってくださった。十代から引きこもり、二十歳を過ぎて家を出され、職の探し方も分からずに、困窮から窃盗を繰り返す日々。僕には到底想像もつかないような苛酷さだ。二人の話は非常に明瞭で筋も通っていた。それゆえ、真に迫ってきた。ただ、話を聞いている間、僕はずっと違和感を感じていた。どうにも、ちぐはぐだと思ったのだ。

違和感というのは、看板と中身の差異だ。僕は障害者に障害の話を聞いているにも関わらず、とくに障害を感じることがなかったのだ。二人の明瞭さから、言い方は不適切かもしれないが、「普通の人」の話を聞いているように感じた。「これでも、障害者というのか」と単純に驚いた。

別に知的障害者だとカミングアウトされなければ、なんの疑いもなく接せられそうなのに。この人たちを障害者、と位置づける根拠はなんなのだろうか。実際、本人も、大人になるまで自分の障害をはっきりとは認識していなかったらしい。学校では養護クラスに入っていて、自身に知的障害があるという事実は知っていたそうだが、自分のどのような行為や思考が障害に因るものなのかは分からなかったようだ。この時に僕に浮かんだ問いが、「障害とはなんなのだろうか?」だった。

それまでの僕は、障害と健常の間には、越えられない溝のようなものがあって、その溝が二つを隔てているのだと考えていた。健常は健常であり、障害は障害である。その二つをジャンプして飛び越えることは不可能なのだろうと思っていた。

しかし、目の前の二人を見て、聞いて、そうではないのではないか、と考えた。健常と障害というのは地続きであり、誰かがどこかのタイミングで、「ここが境界線です」と決めたに過ぎないのではないだろうか。まるで、大陸に引かれた国境のように、人為的な線引きに過ぎないのではないだろうか。

それなら、「障害」の範囲は、可変的なものになるはずだ。時間的、もしくは感覚的推移によって障害の射程というのは変わるはずだ。僕が今、障害と思っている対象が、二十年後の僕にとっては障害ではなくなっているかもしれないし、今現在でも他の人にとっては障害ではない、ということもありえるのかもしれない。

その疑問に別の角度で考えさせられたのが、ハンセン病をテーマにした回だった。この回で僕は、「障害」を生み出しているのは「他者」なのではないかと考えた。

ハンセン病というのは、独特な立ち位置にある病気だ。日本では長らく悪質な感染病として、患者に対し隔離政策と差別が続いていた。しかし、治療法が確立され、現在の日本では、元ハンセン病患者はいても現ハンセン病患者はいない。ある意味で、「終わった」病気のように僕は思っていた。

ハンセン病の森元さんの授業でもその現状を踏まえてなのか、森元さんは前提として、「僕の話はハンセン病の話ではなく、病気や障害に対する差別の話として聞いてほしい」とおっしゃっていた。ハンセン病という病気は終わっても、そこに付随した差別や偏見という行為は、他の事象にも当てはまるということだ。

森元さんは、片目を失明されている、片方の手も麻痺していて、ハンセン病治療の薬によって、アルコールが飲めないらしい。ハンセン病では明らかな外形症状がでるので、本人も周りも常にハンセン病が意識についてまわる。

森元さんのお話を聞いていて、唐突に昔の思い出が蘇ってきた。家族旅行でベネチアに行った時の話だ。当時僕は九歳だった。ベネチアの水上バスに乗っていて、僕は窓際の席に座り、運河から街並みを眺めていた。ふと視線を感じた。向かいの席に座ったおばあさんが、ニコニコと笑顔で僕のことを見つめていた。そのとても直接的で明らかな好意に、僕も嬉しくなり、おばあさんに笑顔を返した。笑顔のキャッチボールがすんだところで、気づく。黒いマントからはみ出た褐色の手には、フジツボのような突起が無数に出来ていたのだ。僕は大した驚きもなく、「不思議だなぁ、なんでこのおばあさんにはこんなブツブツがあるんだろう」と思っていた。しかし、バスを降りた後に母さんが「触られたらどうしようかと思った」と心底安心した顔をしていた。「あのおばあさんはそんな怖い人じゃないよ」と僕は少し拗ねたような気持ちになったのだが、今になって思えば、あのおばあさんはハンセン病だったのかもしれない。

森元さんも、ご家族とは長い間確執を抱えていたらしい。ハンセン病訴訟の際には、「家族の恥を全国に知らしめるな。これ以上活動するなら家族の縁を切る」ときょうだいに言われたとおっしゃっていた。僕は正直、森元さん自身も認めていたことだが、「縁を切る」と言う気持ちも分かってしまう。

人は社会の中で生きていかなければならない。そのためには周りからの偏見や、もっと具体的な差別は避けなくてはいけない。とても大切な何かを守るために何かを捨てることは、責めることはできないし、避けることもできない。森元さんたちの活動は尊い。ハンセン病当事者たちにとっては、過酷な環境で隔離され、時には死に追いやられるようなことは、咬牙切歯《こうがせっし》の思いだろう。それを変えようと行動し、勝ち得たことは、とても意味あることだ。

ただ、差別という点では、「何かが変わったのだろうか？」と思ってしまう。僕たちの世代には、ハンセン病に対する差別意識はない。なぜなら、もとから存在していないからだ。あったものが消えたわけではない。差別する必要がなかったから、差別という思考に至らなかったのだ。今の大人たちには、ハンセン病に対する偏見が残っている人もいるのではないか。それは、自分の価値観に根付いてしまっているのではないかと考えてしまう。「差別とは、何かを守る行為」なのではないかと思う。決して差別を肯定するわけではない。方法は不当だ。ただ、根源にある思いは、自分や周りを守るためにそれらを脅かすものを排除しようとする、というものなのではないだろうか。

とにかく「差別・偏見」というのは、「障害」というワードに付属しやすいワードだ。それは、「障害」という異質性に対し、「障害でない」という同質性が生まれ、容易に周囲と協調できるからだ。そしてそれは、人間の社会性という本質と深く結びついているがゆえに、この歪んだ協調意識が消えることはないように思える。多分、差別をなくす一番容易で確実な手段は、両者の差異をなくしてしまうことだ。でもそれは、その人のアイデンティティを殺すことになる。差別をなくすということ、つまり違いを融和させ、相手を自分の共同体の中にあると思うことは、とても難しい。森元さんの果てしない闘いを目の当たりにして、簡単に差別撤廃などとは言えないと確信した。まず自分のことを省みて、もっとある意味で悲観的に、より真剣に、差別について考えなければならないと思った。

一方で、こう考えることでポジティブになれる面もある。差別というのが他者の思いから生まれるものならば、その思いを変えてしまえばいいのだ。そして、「障害」というのは、障害者本人の中にあるわけではない、と考えることも出来る。超精巧な義肢ができ、「健常者」と何ら変わりない生活を送るようになれば、人はその人の「障害」をなんら気にしなくなるだろう。僕自身、実際に「障害」を抱えた方と接して、くだらない話をしていると、その人が「障害者」かどうかなんてどうでもよくなるのだ。そこにあるのは、僕と、相手。そこにもちろん「障害」と言われている要素を加味してもいいが、それは僕の外見だとか中身だとかと同じ種類の要素でしかない。相手を「その人」だと思うことが、大切なのではないかと思う。

障害と健常の曖昧さ、差別と差異のつながり、ということがなぜ僕を執着させるのか。それは、僕自身に返ってくるからだ。一連の講義を通じて、僕の中のいくつかの固定観念が崩れた。触法障害者の回では、障害者と健常者の境界というのは、越えられない壁というより、曖昧で可変的なものであるということ。ハンセン病の回では、差別というのは、偏見に基づいた攻撃的な行為というより、差異に由来した自己防衛であり、障害は他者の視線によって生まれるのではないかということ。そう思うと、僕が抱える問題にぐっと近づいてくる。

僕は、「境界」を越えたいと思っている。自分と相手との壁を越えて、もう少し近づければ、この曖昧な寂しさも消えるのではないかと、ささやかな希望を持っている。でも、その差異は僕と相手のアイデンティティだ。越えることなんて許されない。

それでも、障害と健常の境界線が一つ消せるのならば、障害者の事情を自分のことと擬似的にも思えるのならば、相手のことをもっと理解できる。それと同じように、相手にも僕のことをもう少し理解してもらえるのではないだろうか。これは、僕の希望的観測に過ぎないかもしれない。自己療養のために、恣意《しい》的で強引な解釈をしているだけかもしれない。この講義を通じて、僕が越えたいと思っている境界の曖昧さも強固さも強くなった。

障害者にとって、健常者の当たり前は当たり前ではない。体を思うように動かせない人もいるし、僕たちの常識によって構成された世界とは違う世界を生きている人もいる。だからこそ、もっと本質的なことが見えると思う。当たり前のベールに隠された、生への意志だとか、誰かと繋がりたいと思う願いだとか、そういったものがより直接的に見える。それらの心はもちろん僕にも通じるものだ。

境界を越えようとする気持ちは消えない。でも境界は多分越えられない。そのジレンマの中で生きている僕にとって、障害というテーマは鏡になる。僕が曖昧にしか捉えられていないものを、違った角度だったり、より直接的に見せてくれる。

秋に、課外活動としてハンセン病の療養院を訪問した。その後の懇親会で森元さんに、「僕たちにひとつメッセージを伝えるとしたら、何ですか?」と尋ねた。

森元さんは、「知ってほしい」と答えた。

僕は、もっと知りたいと思う。ジレンマは消えないかもしれないが、境界を越えるために、知ろうとすること、もがくことをやめるわけにはいかないのだから。

価値の一元化

北村信一
（仮名）

つくづく生きにくい性格に生まれたと思った。人間関係が苦手である。もし私を知る友人がこれを聞けば、何を言うか、ときっと反論するだろう。私は明るく、またそこそこに社交的だ。しかし、私が言っているのはそのような浅薄な問題ではない。私から言わせれば、他者とのコミュニケーションの入り口で起こりうるそれらの諸問題は、多少の勇気を持つ覚悟があるかどうかで容易に完結する。一転、私の持つ「障害」は、もっと深いところに存在している。

高校時代、私は毎日毎日を地獄の苦しみに喘いでいた。私の志望校は東京大学の文科一類で、かなりの頭の悪さを自覚していた私は、入学してから卒業するまで一日の勉強時間が四時間を切ったことはなかった。また、剣道部に所属し、その練習の凄惨さたるや、まさに地獄絵図だった。稽古では常に監督からの怒号を浴びて、週に一回は過労で血の混じったしょうべんを出した。私は今でも、高校時代を思い返すとぞっとする。その時分の感情を効果的に示す為のレトリックではなしに、真にぞっとする。

これだけの環境にいて、そのうえ日々を楽しく過ごすなど、世界中のどのマゾヒストをもってきても無理だと思った。しかし、大学受験が終わった今、落ち着いて自己について考えてみると、高校時代の辛さは、自分の外側にあった要因に根ざしているのではなく、自分の内側の性癖に依ったものであると感じ始めた。

私のクラスには、私のみならず何人か東京大学を志望するものがいた。かなり早くから東大を視野に勉強をしていた私は、彼らのほとんどより良い成績を取ることについて、優越感に浸るようなところがあった。しかし彼らはやはり頭がよく、瞬時に追いついてきた。そのうち教室の前に貼り出される数々のテストの結果や模試の判定でも、彼らに負けるようになった。

私は、弱い人間だった。私は自分の負けを目の当たりにすると、自分の体からさっと血の気が引いていくのがわかり、地についているはずの両足がふわりと宙に浮き始め、後頭部から首にかけて違和感が走り、そして意識は自分の体から離れて、自分の少し後ろの空中から自分を眺めているような感覚に陥った。激しい焦燥と絶望、そして自己嫌悪に襲われた。否が応でも、他人と、それも自分と境遇の似た同世代の仲の良い他人との比較を余儀なくされる受験期で、その一日一日が、私の心に突き刺さってきた。なぜ俺があいつに負けなければならないのか……あいつはいつから東大を目指しているんだ、一日二時間だと、俺の方が勉強しているじゃないか。

極寒の地の羊が特に多量の羊毛を蓄えるように、そのうち私の脆弱《ぜいじゃく》な精神もこの苦しみに対しての対処をするようになる。一つは、絶望や悲しみを激しい怒りへと昇華させることだった。高校時代私は、友人たちを心の中で幾度となくなじった。どうやら怒りという感情は、心の中で生起するその他の感情よりも強烈なもののようである、と気づいた私は、自然と友人たちの粗を探しては心の中でなじっては怒り、自分の人生の絶望や悲観を打ち消すことを覚えた。

しかしこの方法には限界があった。さすがに、自分の成績が不十分であることを全て他者への怒りへと変換して解消するには無理がある。そこで私が行ったのは、絶望という名の「麻薬」の投与だ。この方法は我ながら実に、完璧な絶望への対処法だった。

受験も本番の半年を切ると、私は本格的に精神を病み始めた。クラスメイトの前ではいつもの自分を演じるだけの気力はあったが、家に帰って一人部屋にこもると、もうだめだった。無力で何もできない自分を責め、泣いた。俺に何ができるのか、俺は何者なのか、と自分を責めた。こうして毎日一時間以上は泣いていたように思う。

ある時、いつものように部屋で泣いていると、突然心が落ち着いてすっと泣き止んだことがあった。その時、私は勉強を再開するのではなく、逆にもっと泣かなければいけないと思った。これでは泣き足りないと思ったのだ。そしてさらに自分を責め、自己嫌悪の念を引き起こし、また泣き始めた。

この現象は、自分でも不思議なものだった、すぐにはその真意を理解することができなかった。しかし後々になって、自分に絶望して泣くことに一種の「快楽」を得ていたのだと私は気付いた。毎夜毎夜自分を責めて泣いていたのは、快楽を得る為だった。自己嫌悪とは最も逆説的な自己陶酔の形式だ。絶望し、打ちひしがれることには、なんとも言えない気持ち良さがある。精神的な苦痛、絶望を、遂には完全なる快楽へと転換することによって、私は全《まった》き絶望への対処法を手にしたのだ。しかしこの快楽は、「麻薬」だった。この麻薬を投与するたびに、人間の闇の深淵に一歩ずつ下って行くのを感じていた。

センター試験の直前、私はある女性に失恋をした。人生で感じたことのないほどの深い絶望を感じた。しかし、これで良かったのだ。これこそがまさに、私の望んだことだった。東大に合格しそうにもないことに加え、さらに女性との破局に成功し、強烈な絶望という名の快楽を手にしたのだ。

やがて毎晩の泣きに、自傷行為が加わった。自分の腿《もも》を痛々しい痣《あざ》ができるまで何時間も殴りつけた。手首に包丁を押し当てる。手前に引いてみるといとも簡単に血が出た。自傷行為をしながら心の中で、「悲劇の大主人公はここにいるぞ！　光を！　もっと光を！」と叫んだ。

ある日の家でのことだった。笑うことなど何もないのに、私は突然爆笑し始めた。それを止めることもできず、まるで体の内側から内臓をくすぐられているかのような感覚だった。それが五分ぐらい続くと今度は、自分は確かに今笑っていると自覚しているのに、この「笑い」が本当は泣いているように思われてきて、その一瞬の間に号泣に変わった。漫画に出てくるように大声をあげて泣いた。そして泣き、笑い、泣き、笑いを一時間は繰り返した。自然に止むまで自力で止めることができなかった。快楽は絶頂に達し、同時にその麻薬に蝕まれた精神も限界に達していたのだ。

「まさに、精神障害者」、そう思った。

私は、やむなく精神科に行くことを決意した。総合病院の天井からぶら下がっている「精神科」の案内の文字が、一歩一歩と近づくにつれ、自分が終わっていくような気がした。担当した小太りで中年の男の医師は、「受験というストレスフルな環境にいることによる一時的なもので、精神的な病気ではない、薬も処方しない」、と私に言った。私はすでにこの時には、どんな精神科の権威が病気でないと言おうと、私の精神は障害をもっている、と信じるだけの確信を持っていた。

東京大学に入学した私は、この「障害者のリアルに迫る」という授業を履修するのに少しも迷わなかった。この授業で障害をもつ人の話を聞き、障害に対しての新しい視座を得ることで、自分自身の障害を根絶してやろうと息巻いていた。誠に不謹慎ながら、障害者の人たちの経験を利用しようとしていたのだ。

全ての授業を終えた今、心に残る回は数多くある。中でも私の考えに大きな影響を与えたのは、牧野賢一氏が運営する「Ｓａｙ―ｙａ」という施設にいる触法障害者のお二方からお話をいただく回だった。この回は、後にも先にもないような全く異質な空気感がしたのを鮮明に覚えている。障害をもつ人たちとはいえども、一度は法律を犯して逮捕された人たちだ。そんな人たちを目の前にして、しんと凍ったような雰囲気で授業が始まった。

触法障害者のＴさんは、万引きを犯し交番に留置されていたところを、牧野氏の必死の説得により「Ｓａｙ―ｙａ」へ引き取られたそうだ。Ｔさんは授業の中で幾度となく、「自分の犯した過ちで多くの人に迷惑をかけた、申し訳ない」と、謝罪の弁を何度も繰り返した。謝罪を繰り返す彼に対して、何かこちら側がいけないことをしているかのような気分にさえなった。

この時私は、強烈な違和感を覚えた。無論、万引きは軽犯罪であり、犯したものが障害者であるからといってそれが許されることだとは全く思っていない。私に違和感を引き起こさせたのは、その根源にある「価値の一元化」だ。一元化された「良」の価値観によって押しつぶされる、「弱者」が存在するという構造そのものにだ。障害をもつ人たちが、健常者である我々の作った法律において裁かれているという構造。障害のある人には、障害のある人の世界があってしかるべきだと思ったのだ。

一元化された価値に苦しむ人と聞いて、私は真っ先に高校時代の親友のMを思い出す。Mは数値として出る成績は良いとは言えないまでも、大変鋭い観察眼とそれをうまく言語化する能力に長けていて、私は彼を非常に頭が良く、人間的に面白いやつだとして慕っていた。しかし現実とは残酷なもので、彼はその年の大学受験に失敗した。浪人してしまったのだ。

彼の浪人生としての初めての夏に、一緒に食事をした。始めのうちは、互いの近況報告に終始していたが、夜も遅くなると彼の口からぽつりぽつりと本音が漏れ始めた。彼は、「受験に失敗した俺に希望も価値も無い。俺が死んでも誰も悲しまない」と言った。私は、心底悔しかった。受験に成功した同期の中でも、Mは突出した言語的な才能があると信じていた。しかし、点数を取るものが強いという価値が一元化された受験の世界では、たちまち彼は「弱者」となり、蹂躙《じゅうりん》される。点数化できる能力などその人が持つ力の数パーセントでしかない。そんな当たり前なことにすら気づけないほどに、Mは傷つけられていた。

Tさんは、自分の将来の夢として、自分でお金を稼ぎ、自立して一人暮らしがしたいと語っていた。我々は、彼の目標が世間一般から見て低いという理由で、その夢を笑うことができるだろうか？　そのようなことは断じてできるはずがない。その人にはその人の世界があるのだ。

我々は、一度一元化された価値を疑い、棄却しなければならない。一元化された価値の中で勝利を収め続け、幸せに暮らせるような強い人間などほんの一握りだけなのだ。

私は、自分の目標に向かって夢への道を驀進《ばくしん》できる人間が、心底うらやましかった。私は、普通の人がなんとも思わずに通り過ぎてしまう道でも、ちょっとした穴や凸凹を見つけたりして、何時間も何日も、時には何年もいじくりまわし、そしてそれを時間をかけて大きくし、その大きくなったおうとつに自分からはまってつまずくような人間だ。周りの人間が何食わぬ顔で目的地に到着した時に、私はまだ始めの方で砂泥にまみれ、息も絶え絶えとしているようなことがよくあった。

しかし、一元化された価値を捨てて、自分をもう一度見つめ直してみると、認められるようなこともあった。確かに私は歩みが遅いけれども、その分その道程で気付けることは人よりも多かったし、自分について深く考える機会や時間も他の人より多くとれたと思う。わかりやすく、多くの人からのコンセンサスを得た価値観を一度捨て、もう一度改めて自分の価値を考えてみると、意外にもすっと楽になれた。

何かができないことというのは、同時に何かができるということではないか。

今はもう、高校時代の時のように本気で自殺を考えたりするまでの苦痛を味わうことはなくなった。誰か他人に過度に依存するようなこともない。しかし、これが「一元化した価値を捨てる」という一応の自分なりの答えに救われた結果なのかと問われれば、そうであるとは自信を持って言えないのが現実だ。

偉そうに書いてはみたものの、この答えは自分の経験を無理やり筋道立てて語っただけで、答えとは言えないのかもしれない。この生活の平穏すら、最高学府への合格という、一元化された価値の頂点とも言える栄光によって支えられているという気もしないでもない。仮にそうだとしたら、私はこれからの人生で平穏に生きるために、単調な価値観の中で常に勝ち続けなければならないのだろうか。あの精神科の医者は私に、「君には自分の頭で考えて心の問題を解決できるだけの頭脳がある」と言ったが、それは果たして本当なのだろうか。

大学での生活は実に愉快で楽しい。今までに出会ったことのないような素晴らしい人たちと、想像もつかないような意義のある経験を共有している。しかしこの生活は、いつまで続くのだろうか。私の精神的な障害は、本当に治癒しているのだろうか。また高校時代のような地獄へ転落しはしないだろうか。私のような人間は、幸福を受け取るに至っても困難を極め、幸福で自分の肉を切る……生きにくい。

6

向谷地 宣明
＋「べてぶくろ」の利用者

精神障害者

「べてぶくろ」とは、東京・池袋で精神障害者の支援活動をしている団体である。もとは北海道浦河にある「べてるの家」から発したので、「べてる」＋「いけぶくろ」で「べてぶくろ」。東大ゼミにやってきたのは、向谷地宣明さんと精神障害の当事者二人だ。向谷地さんは本家「べてるの家」の中心スタッフである向谷地生良さんの長男で、べてるの商品を扱う株式会社エムシーメディアンの代表取締役でもある。

「べてぶくろ」は共同住居やグループホームの運営、「当事者研究」、べてるの商品販売など独自の活動を広げている。池袋はホームレス状態にありながら、障害を抱えている人がたくさんいる。地域で孤立した障害のある人は生活困窮に陥りやすく、路上生活をする人も少なくない。本人にとって必要な社会資源につながるまでの間、安心して暮らせる住居を提供しようというところから、べてぶくろは始まった。

この国の障害者施策は、入所施設や病院での隔離収容政策を長らく取ってきたことはすでに述べた。どの国でも経済的繁栄や軍事力の増強、つまり富国強兵に貢献できない人々は邪魔者のように扱われてきた。

特に、幻聴や妄想という症状が現れることのある統合失調症は忌み嫌われることが多く、数は少ないが、時々起こる精神障害者による殺人事件などをマスコミが病名を強調して報道してきたこともあって人々の偏見や誤解に拍車を掛けてきた。

北欧諸国を発信源としてノーマライゼーションという考え方が広まったのは一九六〇年代である。障害があってもノーマルな生活を保障すべきであり、病院や施設での収容型福祉ではなく、住み慣れた地域で一般の人々と一緒に暮らしていくべきだという考えだ。アメリカでは施設で隔離していること自体が人権侵害であるという司法闘争によって、精神科病院や入所施設から地域での生活が進められてきた。ニューハンプシャーにあった入所施設が刑務所として再利用されているのは、利用者（障害者）から見たときに入所施設がどのように映るかを物語るものとして知られている。

現在、これだけ精神科病院や入所施設が多いのは日本だけだ。十年以上前から国は地域福祉へと政策の軸を移そうとしてきたが、障害者の家族の意向や病院・施設の経営者の思惑もあってなかなか地域生活への移行は進んでいない。

それでも二〇〇六年に障害者自立支援法が施行され、地域生活を支える障害福祉サービスに毎年二桁の伸びで予算が投じられるようになると、各地でユニークな地域生活の実践が見られるようになってきた。北海道浦河町にある「浦河べてるの家」はそのさきがけであり、統合失調症の人々の地域生活のシンボルのような存在として全国に名前が知られるようになる。

一九八四年、浦河日赤病院の精神科病棟を退院した患者たちが教会の片隅で日高昆布の袋詰め作業をすることから、「べてるの家」は始まる。地域で暮らす障害者のために喫茶店の経営や著作物・グッズの販売など事業を広げてきた。

障害者といえばカネや欲には縁も馴染みもないように思われ、清く正しく貧しいのが福祉であるかのように思われてきたが、べてるの人々は商売にこだわる。病棟から出てきたとき、統合失調症を持つ彼らが何度も議論した末に出した結論が「お金を稼ぎたい」だった。

「苦労が多いからである。生きる苦労というきわめて人間的な営みを取り戻すために商売を始めた」と向谷地生良さんは言う。「かつて苦しんだ競争原理に支配された日常のなかに、ふたたび何事もなかったかのように舞い戻るような『社会復帰』はめざさない。一人ひとりがあるがままに『病気の御旗《みはた》』を振りながら地域のかかえる苦労という現実に商売を通して降りていきたい」』。向谷地さんは「べてるの家の『非』援助論」(医学書院)でそう語る。

ただ、「べてる」の名を全国に知らしめるようになったのは、商売よりもイベントと言っていい。とりわけ「幻聴妄想大会」は障害者福祉の関係者に衝撃を与え、分野を超えて多く人々が集まるようになった。

毎年開かれる「べてるまつり」に私が参加したのは二〇一一年晩夏だった。新千歳空港からバスで揺られて二時間余り、襟裳岬に近い浦河町に着いた。ひなびた漁港があるのどかな風景だ。「べてるまつり」が開催される二日間、全国各地から訪れる六〇〇人以上の人々で町はにぎわう。まつりの目玉が「幻覚妄想大会」だ。

その年の「幻覚妄想大会」のグランプリは、五十メートルもある「幻聴さん」(幻覚のこと)が窓から迫ってくるという仲間を救うために、「幻聴さん」を落ち着かせるダンスを発明した男性に贈られた。過去の受賞者には、三十五年間お母さんと二メートル以上離れて暮らしたことがないという「母親依存」を脱した男性、「近所のトイレの中で暮らすように」という幻聴を聞いて駅のトイレで四日間過ごした女性もいる。

とても笑えない、話題にしたくない、という人もいるに違いない。ダジャレ、たわいもないギャグの連発のようにしか見えない人も多いはずだ。「当事者研究」と名付けられた心理療法で、認知行動療法、ＳＳＴ（生活技能訓練）として行われているとはいえ、統合失調症やアルコール中毒などの人々が自らの幻覚について語り、失敗談で盛り上がり、自虐的な替え歌を披露するのだ。

しかし、私は二日間席を離れることができなかった。どうしようもない弱さゆえの悲しみ、生きづらさを抱えた仲間へのやさしさが腹の奥にしみ込んでくるような感じなのだ。私だけではない。東京からやってきた大企業の人事やＣＳＲ（企業の社会的責任）担当者と何人も出会った。ゼミ生を連れてきた大学教授もいる。入社三年目の地元紙記者は、ずっと「べてる」を取材したくて浦河支局勤務を希望したと言う。定年後、浦河に居を構えた高名なジャーナリストもいる。

初めから地域で歓迎されていたわけではない。偏見や差別との闘いが精神障害を持つ人々の歴史でもある。「幻覚」「妄想」で連想されるものは事件報道という回路によって負の色に染められてきた。私自身、そのような批判をよく障害者から向けられる。しかし、笑いと商売で固定観念をゆったり溶かしていくのが「べてる」なのだ。

「弱さを絆に」「降りていく生き方」「安心して絶望できる人生」――べてるの家の思想や哲学を表す言葉は、障害を持った当事者たちの話し合いの中から生まれた。現代の精神科医療や福祉の自立概念に対して猛毒を含んだ理念である。弱さを辺境へと追いやった文明に対するつつましやかな反逆でもあろうか。

浦河はアイヌ語で「霧深き河」という意味だ。霧の中に迷い込んだ自分と文明の未来を探しに人々はやってくるのだと思った。

さて、東大にやってきた「べてる」の人々は、悩める学生たちを霧から救い出してくれるだろうか、それともさらに深い霧の中に誘い込んでしまうのだろうか。

生きるか死ぬか

関島　真美子

ＡＬＳの岡部さんが、介護者の方と犬（！）と一緒に来てくださった時から、今まで自分が考えてきたことなどを雑多に書いていくことにする。

岡部さん、もう声を出すことや身体を動かすことはできないから、わずかな口の動きを介護者が読み取ってつくった原稿と、たまにその場でコメントを交えながら話してくださった。ＡＬＳを題材にした映画を見たことはあったし、障害についても知らないわけではなかったけど、いざ岡部さんを前にすると自分が何か話しかけてもすぐに反応が返ってこない。普段のコミュニケーションであれば、会話の相手は自分の発言に対して瞬時に表情を変えたり言葉を発したりしてくるのにそれがないので、岡部さんの頭の中では、私が「犬かわいいですね ー」と言って犬を撫でるのに対して、「かわいいでしょう、たまに僕の手をなめに来るんですよ」とか言っているのかもなと想像しながら、どう接すればいいのか少し戸惑った。頭の中で思ったこと全部読み取れればいいのに！　でもそれだと普段の生活で傷つくことも増えそうだから却下。

生を思いっきり他人に頼る岡部さんを見ながら、そして人工呼吸器をつけて生きるか、そこまでせずに永遠の眠りにつくかを選択せざるをえなかった話を聞きながら、生きるとか死ぬとかって何なんだろうと思った。岡部さんは生きるという選択をした。たぶんこれは多くの人に褒められる選択なんだろう。みんな命は尊いって言うし、岡部さんは決めた当時、これからどんどん身体が動かなくなっていくと知っていてその選択をしただろうから、それは強くて立派だって言われるだろう。でも私は、そもそも生きるのが正解なのだろうかと考えてしまった。

「きみが死にたい今日は、誰かが生きたかった明日だ」っていうフレーズはよく聞くけれど、「誰かは生きたくて仕方なかっただろうけど、私は死にたくて仕方ないんだよ」とか、「お母さんはね、あなたを必死の思いで育ててきたの（だから死なないで）」に対しても、それはお母さんの思いであって私の思いを考慮したものではないよねとか、そういう方向に思考が進む。そもそも抱える思いが違うんだから、同じ「生きてほしい」「人は生きたいと思っている」という枠内に当てはめるというのもなあと思ってしまう。

確かに命は尊い。一度きりしかない、生まれてくるまでには相当のリスクや偶然や人の助けがある、だからやっと今ここで私は生きている。それはわかる。私は生まれる前、母のお腹にいた頃から命が危なかった。流産だってしかけたし、生まれてから重い障害が残るだろうと言われていたし、かなり小さく生まれた。その頃の話を聞いているから、どれだけ両親を悩ませたか、私を産むと決断した両親の思いの欠片《かけら》（私はかなりわかっているつもりでいるんだけど、きっとそれは両親の思いのほんの一部でしかないだろうと思って欠片と呼ぶ）、医療スタッフが一生懸命に私を助けてくれたこと、両親が懸命に私を育ててくれたことを知っている。命の大切さを語る人の気持ちは理解できるし、命が大切なのは当然だろうと思う。

でも、生きるか死ぬかの選択を迫られた時、それは平等な選択肢ではないんだろうか。生きるという選択肢の方が偉くて、死ぬという選択肢は蔑まれないといけないなんて、そんなことはないと思う。たまたまそこに二つの道があって、その人が真剣に考えて選んだ道なら、どちらもきっと正しい。死ぬという選択肢だって、その人が命をもてあそんだ結果選んだものでなければ正しい。生きる方を選んだ人ばかり正解だとか賛美されるのって、どうなんだろうか。

私は、中学の後半あたりからいつも人生の分かれ道の選択肢に「生きる」と「死ぬ」が入っている。死ぬことを日常的に考えているというと語弊があるが、まあつまりそういうことだ。なんでこんなことになってるかというと、理由を全部ちゃんと説明することなんてできないけど、一部には私が抱えた病気が関係していると思う。

病気というのは、診断名でいうところの不安障害と双極性障害。もう六年以上のつきあいになる。きっかけは、中学校に馴染めなかったことだった。転校には慣れていたから友達のつくり方くらいわかっていると思っていたけれど、その友達のつくり方というのは海外仕込みで日本では通用しなかった。十二、三歳の帰国子女は、「あいつは自慢しいだ」「自己主張激しいよね」などという、今思い返してみれば、日本人から見た外国人の感想としてありがちな言葉でいじめられた。そのままずるずると学校を休みがちになり、引っ込み思案になり、成績も落ちた。そんな中学二年の夏、家族でテーマパークに遊びに行って並んでいる時に、突然吐き気とめまいに襲われた。このまま倒れてダメになっちゃうんじゃないかという恐怖にかられ、その場を逃げ出したくなった。そういう発作的な症状が増えていき、とうとう私は気が狂ってしまったんじゃないかと、震えて学校のカウンセラーに相談したら、「パニック障害だろうね」と言われた。気が狂ったんじゃないと知って安心した。でも両親は理解してくれなかった。「こころの病気なんて気の持ちようでしょ」って言われて病院に連れて行ってはくれなかったから、仕方なく耐えた。自分は弱いからこころなんか病んだんだと自分を責めた。

双極性障害は、まだ一年くらいのつきあいでしかない。だから不安障害の件についてほど詳細が自分の中でまとまってない。大学に入って不安障害を治療して、だいたい落ち着いてきたかなと思ったあたりで悩まされ始めた。最初は世間でもまあ知られている鬱状態ばかりだったからうつ病だと言われたけれど、大学二年に上がる頃、どうしようもない焦燥感とか自己嫌悪とかに襲われて睡眠リズムも狂ったので、ただのうつ病ではないらしいということになった。病院では、「双極性障害は一生つきあっていかないといけないよ」とか、「人に迷惑をかけがちだから十分気を付けるように」とか言われた。実際に、自分が自分のコントロール下から外れる感覚が続いてつらくなっていた。普通の生活リズムを刻むことすら難しい。絶望した。

将来は海外で働きたかったから、東大を出てそれなりにいいところに就職してしっかり働こうと思っていたのに、こんなになってしまったら働くことすらままならないじゃないか。あんなにがんばって東大に入ったのが、無駄になるのかと思った。将来がこわかったし、もう人生終わりだと思った。このまま授業に出られなくなって、夏に専攻を決める時に成績がたりなくて志望学科に行けなかったら、「もう死のう」と思った。


ここで人生の選択肢に「生きる」と「死ぬ」が入っている話に戻る。多くの人はきっと中学から高校に入る時、どの高校にしようかとか就職しようかとか考えると思う。だけど私はまず、「生きる」か「死ぬ」かを考えた。中学から高校に上がる時、その頃の私は学校に行くことすら危うかったけれど、落ちぶれたまま死ぬなんてカッコ悪いから、もう一度やり直したいと思って「生きる」を選んだ。それからどの高校に行くかを選んだ。大学に入る時はもっと極端で、「東大に合格したら大学に行く」「東大に合格できなかったら、死ぬ」、と漠然と考えていた。

高校三年の十二月半ばのメモに、「合格したい！　できなかったら、絶望して、もうどうなるかわからない。自殺しかねないなって、最近少しこわい」と書いてあった。東大に合格できないことを想像するのはメンタルに悪いと思って漠然としか考えていなかったのだけど、そんなような考えがあったのは確からしい。自分をいじめてきた周りの人に負けたくないというプライドのせい、たぶん。東大に受かったので「大学に行く」の方がとられて、「死ぬ」の方は選ばれなかった。

「専攻を決める時に志望学科に行けなかったらもう死のう」と思ったのも、私にとって自然な選択肢だった。志望学科に行けたら行く、行けなかったら他にやることも無いし死のうという二択をとっていた。（志望学科に来れたのでこの文章をのんきに書いていたりする。）

人は、「死ぬな」と言う。生まれてきてから今までずっと両親をはじめ誰かに愛されてきた、支えられてきたという事実もある。それはわかるけれど、私はやっぱり死ぬことだって選択の一つだし、正直近いうちに死にたい。それは、病気の症状が重いときに限らず、割と頻繁に考えている。そんな自分に自己嫌悪だって無いわけではないけれど。「志望学科に行けなかったらもう死のう」の次は、「就職する前に死にたい」になっている。主治医にはやんわりと反対された（笑）。普通そうか（笑）。

自分が思う「死にたい」と人から求められる「生きてほしい」には、いつだって葛藤があって、だから「命は大切ですよ！　無駄にはしないでください！」という言説に違和感をおぼえることは多い。でも、ひとつ確かなことは、私の周りにいる人たちが私に向ける「あなたが死んだら悲しい」というメッセージは、意識的にも無意識的にも私を生へと動かしている。人を悲しませるのは嫌だから。

「就職する前に死にたい」についても、自分なりの理由がある。私はきっとこのままでは普通に働くことができない。海外で働きたいという夢も、新聞記者になりたいという夢も、国連に入ってみたいという夢も叶いそうにない……社会では、突然調子が悪くなったから今日は休ませてくださいなんて頼めない。連日仕事が入ったら調子を崩すなんて許されない。そういう厳しい現実に対する不安だけで体調を崩す今の私には、何もできない……もしももっと優しい世界なら私だって働けるのになあ、国際社会にかかわってみたい、記事とか書いてみたいなあって思う。デコボコがある人だって、何人かで協力すればお互いに埋め合って生きていくことができそうなのに、最近の社会は、「一人で全部できないならお前はいらない」みたいな扱いだし、手を繋いで一つの社会という発想に欠けている気がする。私みたいな人が二人いればお互いの調子が悪い時をカバーしあっていけるかもしれないけれど、社会じゃそんな欠陥商品二つよりも完全商品を一つ雇うだろう。そう考えると、自分の生きている価値って何なんだろうともなってくる。

こんな私に、障害のことは知らずにいる友人は、「きみは死にたがりだ（笑）」と言う。確かにそうかもしれない。他の人よりきっと簡単に死を希求している。一方で障害を知る友人は、別に私を死にたがりとはみなさないらしい。「なんとも言えない」とは言っていた。この考え方が私の障害のせいなのか、私がそういう性格だからなのか、それは自分でもよくわからない。障害の無い自分なんて今更想像できない。六年、しかも思春期に入ってすぐ抱えた問題は、私の考え方に影響するのには十分すぎるほど大きい。もちろん、講師の南雲さんもおっしゃっていたけれど「障害は個性なんて思えない。だってめんどくさい」。障害なんて無い方がよかった。でも、今更自分の個性やアイデンティティから障害を切り離すことはできないくらい、私の中にしっかりと入りこんでしまっている。どこからが病気でどこからが性格なのかわからない。どうせ私の脳内でちっちゃい脳内物質がシナプスをうろちょろするのが生みだした考え方で、病気だろうが性格だろうがこれが今の私。それだけ。

そんな中で岡部さんを目にしてしまった私は、全力で生きる岡部さんを自分とは全然違うタイプの人だなあと感じながら、ぼんやりと座っていた。

私が不安障害にかかった時に「気の持ちようでしょ」と言った両親は、私の現状を知らない。

もしもこれを読んだら、初めて突き付けられる現実にショックを受けるだろう。申し訳ないなと思う。でも正直なところ、知ってもらいたくもある。知ってもらいたいという欲望、何らかのマイノリティであることをカミングアウトしたいと思う人の多くが抱える感情のような気がする。

精神障害を患っていない私はいわば完璧だった。不登校から立ち直って、地方から東大に入って、専攻を決める時の点数競争も勝ち抜いてきた。そんな私を、両親は誇りに思ってくれている。愛してくれている。でも、本当の私はそんな完璧な人間ではない。確かに不登校は抜け出し、地方から東大に入り、専攻も希望のところに決まったけれど、完璧どころか欠陥だらけだ。普通からはみ出てしまっている。健常者か障害者かといったら、健常者と呼ぶにはちょっとためらう場所にいる。だから、私は年に数回両親と顔を合わせる時、いたたまれない気持ちになる。理想を壊しててごめんなさい、こんな私でごめんなさいと思う。同時にこわい。本当の自分を両親は愛してくれるだろうか……。

精神障害について、一般にあまり知られていないと感じている。差別もまだまだあると感じている。大学一年の冬、母とのふとした会話の中にもそれを感じた。母は、「職場にうつ病の人がいるんだけど、頻繁に休むし、出勤しても働けないしで、いっそ辞めたらいいのに」という趣旨のことを言っていて、こころが痛んだ。「うつ病って一回かかったら長引くことも多い病気なんだよ」と言ったら、わかったようなわからないような顔をしていた。でもそれって気の持ちようでしょって思ってたのだろうか。ともかく、世間一般にはそういう見方をされているんだろうと私は思っている。

それでも、この文章で私がここまで開けっぴろげにするのは、当事者が隠していては一般人が知る機会もないと思うからだ。もちろん差別はこわい。私のことをよく知らない人が私について先入観を持つのもこわい。こわがってカミングアウトしなければ私は傷つかないけれど、やっぱり何か隠していると窮屈だし、どうせこのままにしておいたって私は生きづらいんだから、知ってもらいたいという思いの一つでも開放してやろうかと思ったまでだ。

このカミングアウトする勇気は、大学一年の秋から冬にかけて顔を出していた当事者研究会でもらったものかもしれない。医学部で精神看護を専攻している三年生から、当事者研究をやってみるけれど来ないかと誘いを受けた。当事者研究というのは、もともと北海道浦河にある「べてるの家」という精神障害者グループホームで始まった試みで、精神障害者が普段生活していくうえで直面した困りごとなどをみんなで共有してみようというプログラムらしい。オープンダイアログの一つともいえる。ちょうどその頃、うつ病の症状に悩まされていた私は、そういうメンタル面で何か抱えていても受け入れてもらえる場所というのが欲しくて、とりあえず行ってみた。

そこにはうつ病の人もいたし、統合失調症の人も来たし、お姉さんが不安障害だとか、病名はついていないけれど身体が弱くて苦労している人とか、とにかくいろいろな人がいた。みんな何かしら困っていた。「がんばりすぎると体調を崩すけれど、がんばらない自分は嫌いだ」というプライドの問題にみんなで共感した。集まっている人たちは、総じてプライドが比較的高くて、あとで苦しくなるってわかっているのにがんばっちゃうとか、他人に頼めばいいようなことも自分でやってしまうとか話した。他には、「好きではない人と付き合ってすぐ破局しちゃう」みたいな恋愛の話に「それはない」「私はわかる、よくやっちゃう」と盛り上がったりした。楽しかったというと違うかもしれないけれど、何かしら「生きづらい」と感じている人たちといろいろな話をするのは、とてもおもしろかった。

こんな経験があったから、このゼミで「べてるの家」の人たちが来た時、私はわくわくしながら講師の方の話を待った。そもそもこのゼミに興味を持ったのは「べてるの家」の人の話が聞けると知ったからだったので、とても楽しみにしていた。私は「べてるの家」のことを知った時から「おりていく生き方」がどんな生き方なのかがわからなかった。本を読む限り「おりていく生き方」はきっと楽なんだろうなと思いつつ、持ち前のがんばらなきゃいけない精神を発揮してしまって、ということは「おりていく生き方」のためには「がんばらない自分」を受け入れないといけなくて、そういう人たちはどうやって「おりていく」のかと疑問だった。だから思い切って聞いてみた。そしたら「おりていく」っていうのは「病気山から下りる」という意味だから、「自分はこういう生き方がんばり方をしたら病気山を登ってしまうんだ」というのを自分で理解して、具合が悪くならないようにする生き方だと教えてもらった。単に「がんばらない」ということでもないらしい。それなら「おりていく生き方」と「自分なりにがんばる」ことは両立できるんだなと思った。

その当事者研究会は、日程が合わなくなって冬の終わり頃にはほとんど行かなくなってしまったけれど、実は自分の身の周りにも困っている人がいるんだとわかっただけでも嬉しかった。東大にいる人たちはみんな完璧で、自分みたいに不安障害だのうつ病だの言っている人なんかいないと思っていたから、ほんの少しだけ安心した。

これをきっかけに、私は自分がメンタル面に抱える問題を少しずつ周りに話していった。もちろんその前に知ってくれている人は二、三人いたけれど、それ以外にも。そうするとわかってくれる人が意外と多かった。わかってくれるというか、知っていてくれるだけで私はとても安心だった。知っていて友達でいてくれるなら本当の自分と友達でいてくれるってことで嬉しい。一緒にいる時に突然具合が悪くなっても、何の気兼ねもなく薬を飲んだり、ちょっと休ませてって言えたりする。知っていてくれる人と一緒にいる方が居心地がいいことを知った。

これを読んで、両親がどう思うかはわからない。たぶん傷つくと思う。申し訳ないんだけど、自分でどうしようもない。本当は不安障害だけ黙って治してこんな経歴無かったことにしようと思っていたんだけれど、双極性障害という難治のものを背負い込んでしまってから隠しきる自信が無くなってしまった。双極性障害を受け入れるのにも時間が要った。障害というのは、打ち明けられた人にとってのみならず、たいていはまず当事者を戸惑わせるし。

カミングアウトというのは、難しいことだと思う。今まで当事者の視点だけで書いてきたけれど、最後にカミングアウトを受ける側の人に向けて書くと、できればそのままの関係を続けてほしいなと思う。打ち明けた後でも友人でいてくれた人や、知った上で恋人になってくれた人にどれだけ救われたか。危なっかしい私を黙って見守ってくれている友人がどれだけありがたいか。別に何をしてほしいとかは思わない。ただ知っていてくれるだけでいい。

自由

御代田 太一

大学二年の時になんとなく気が付いた。人間の生活には「昼」と「夜」がある。

「昼」には大学に通い、何食わぬ顔で授業を受け、勉強や運動に精を出し、友人と昼食を共にしながら笑いあう。誰にでも分かるような言葉で話し、誰も傷つけることなく振る舞う。もちろん、考え事もやらなきゃいけないことも尽きないけれど、基本的には前を向いて勉強のことや課外活動のこと、将来のことについて考えを巡らせている、とても健康的で社会的な時間。

だが家に帰って家族と夕食を食べ、そして自室に戻り布団にこもると同時に「夜」が顔を出す。疲れて帰ってそのままバタンキューで眠れるときは「夜」は来ない。なかなか寝付けずあれこれと考えだしたときにこそ、「夜」は足音を忍ばせて近づいてくる。「夜」になると脳内を支配する思考の文法は一変する。それは自らの「心の泥」が染み出してくるかのようだ。

「なんで自分はこんなことしてるのか」「なんで自分はあんなことしたのか」「あいつが嫌いだ」「いや汚れているのは自分だ」「というか、なんで生きているのか」「世界中の人がいっせいに死んだら誰も悲しまずに世界が無かったことになるのに」。

後悔、自己嫌悪、憎しみ、虚無感。いろんな感情が滲み出てくる。「昼」に感じていた前向きで社会的な思考の数々は、「ただみんなと同じ安心感に浸っていただけの虚しいもの」として一掃される。昼と夜は音信不通だ。

こんなこと、とてもじゃないけど人に話せる内容じゃない。そもそも自分が何を考えているのかさえ分からない。そんな言葉にならない、絵にもならない混沌が、コントロール出来ない領域から押し寄せてくる。

高校時代まで、周りは価値観を共有する友人で溢れていて、彼らと過ごす安心感のうえで、周りに愛されている自分に対して無償の喜びを感じながら生きてきた。人に胸を張れる程度には努力もしてきたから、怠けている人や頑張れない人は意志が無いだけだと思っていた。でも今思えば、自分がたまたま人に愛されれば頑張れるような性格と環境の下に生まれ、他の人は違ったという、ただそれだけのことだったような気がする。

何のために生きるのかが分からなくなったのも、大学二年の時だった。別に心を病んだとかではない。死にたいわけでもないし、いつも通り楽しい毎日を過ごしていた。ただ、結局死んでしまうこの人生を、なぜ生きているのか。なぜ、わざわざ死なないでいるのか。毎日が楽しいとか辛いとか、そういう次元ではなくて、死んでしまって何かを感じる自分ごと消してしまえば、そのまま世界もなくなる。そんなことを考える日々が続いた。

自分がここに「ある」ことに何の意味があるのか。生まれて初めて、このありふれた、途方もない問いの重みを全身で理解した。そして、この出口の見えない問いに死に物狂いで向き合っていくのか、それともこの問いから目を背け偽りの幸せに安住するのか、どちらを選ぶのかで人が大きく二つに分けられるのならば、僕は前者を目指したい、そう感じるようになった。

そんな風にぐちゃぐちゃと頭を悩ませていた時期に、偶然読んだ哲学の本の最後に引用されていたのが、「べてるの家」だった。当時は精神障害と知的障害の違いもよく理解出来ていなかったが、そこに書かれた文章やべてるの家の利用者が放つ言葉には目を奪われた。一見すると、非生産的な存在として社会の中に居場所を失った迷惑者である精神障害者たちは、それぞれのやり方で自分の人生とは何なのか、自分には生きる意味があるのか、辛い現実を前にしながら必死に自問自答している。

もちろん答えは出ない。妄想や幻覚に苛まれながら、言っていることもめちゃくちゃで理屈が通ってない。ただ、「夜」の世界に閉じ込められ、その中でもだえ苦しみながら考え続けることを余儀なくされた彼らは、ある意味で誠実な存在なのではないか。精神障害者に対する理解としてはあまりにも粗暴だが、僕はそう思わずにはいられなかった。

そこで「障害者のリアルに迫る」ゼミにも是非べてるの家の関係者を呼びたいと思い、運営者の僕がべてぶくろに個人的に通って打ち合わせをさせてもらい、講義が実現した。その回の講義は、このゼミの中で最も「ぐちゃぐちゃな」回だった。

まず代表の向谷地宜明さんがべてるの家の設立経緯や理念を説明し始めた。すると突然、利用者北村さんが向谷地さんを振りきって、「引きこもっていたころの自分の頭の中ではたくさんの記号が飛び回っていて何も考えられなかった」という話を始める。そこで向谷地さんが「記号って何ですか?」と質問すると、「はっきりとは覚えてない。というか、自分でもよく分からないんだけど、いろんな記号が頭の中をウワーーーって飛び回るんだよ」と返答する。このころは北村さんにとっては相当苦しい時期だったらしい。その次に話した紺野さんは、テレビを見ていると、テレビの中にいる人に自分が見られている感覚に陥る、という妄想体験についての当事者研究をスライドと共に説明する。最終的には、芸能界のボスである(と紺野さんが信じていた)島田紳助に命を狙われていると思いこみ、本州を転々と逃げ回ったそうだ。この時点で、多くの受講生は彼らの話から置いていかれている。

頭のおかしい、理解不能な存在だった「精神障害者」が、目の前で自分の言葉で自分の物語を話すにつれ、内面では独自の論理を持っていて、それに従って行動しているに過ぎないことが告げられていく。彼らの論理構造は極めて独特で、それゆえに「妄想」として簡単に片づけられる彼らの言葉は、彼らにとっての「現実」だったのだ。ニュースやSNSでは海外で起きている戦争ばかり取り上げられるが、島田紳助をボスとした日本中の攻撃から必死の思いで逃げていた当時の紺野さんの中では、まさに戦争が起きていたのだと気付かされた。

毎日、多くの人が自己の内面で起こる戦争で命を落としている。その一部は傍から見れば、最近あいつはちょっとおかしい、そんな下らないことで悩んでどうする、と言われてしまうような、論理的に破綻した、解決策を考えれば済む話のような気もする。だがそんな彼らは、複雑な迷路の中で「死ぬしかない」という考えを持たずにはいられない場所に閉じ込められ、人生に絶望したまま生きることすら許されず、社会の中で圧迫死していくのかもしれない。

だからこそ僕にとって、「安心して絶望出来る社会を」という理念を持つ、「べてるの家」の当事者研究にはっとさせられた。「死にたいままで生きてもいいんだよ」という一見矛盾したメッセージに、何か大きなものを感じた。

当事者研究では、自分の悩んでいることを、自分の世界を、自分の見ているままに、自分だけの言葉と論理で説明させようとする。そこに周りの参加者がいろんなコメントをしながら、自分の内面世界で起きている物語の解釈を試みる。

それはまるで、先に述べた「夜の泥」を公然と吐き散らすかのようだ。

授業で発表される二人のエピソードや物語に対して、向谷地さんは賞賛もせず批判もせず、

「へー」という顔で少し距離を取りながら、「〇〇さんにとって、それはどういう意味を持つんですか?」と尋ねていく。愛に満ちた好奇心で、他人の「夜」をその内側から理解しようとする向谷地さんは、受講生から「支援者として当事者とどう距離を取っていますか?」と聞かれた時も、「自分を支援者だと思ったことは無い。北村さんや紺野さんと面白い実践を一緒にしているだけ」と答えていた。

「べてるの家」「べてぶくろ」を授業で取り上げたい、そう考えて授業を企画したけれども、彼らと出会って救われたのは、まぎれもない僕自身だった。世界は一つじゃないし、それらに優劣もない。「夜」に訪れる闇も僕の愛すべき一部で、上手く付き合いながら、そこでしか見られない景色を楽しむまでだ。変な言い方だけれども、まだまだぐちゃぐちゃになれるみたいだ。これからもいろんな自分に会えるだろう。どんな世界に身を置こうとも、そこから見える景色を語る言葉があれば、自分を愛することが出来る。自分を愛することが出来れば、どこへだって行ける。わずかな勇気を片手に、境界を軽やかに飛び越えて、いろんな人と出会いたい。

「べてるの家」「べてぶくろ」との出会いは自分の中に深く刻み込まれているが、もう一つ、自分が圧倒された回がある。その回のテーマは「障害者の性」だった。

その日の講師は、脳性麻痺で車いすの小山内美智子さんと熊谷晋一郎さん、全盲ろうの福島智さんの三人。

小山内さんは言語障害のため、脳性麻痺者がよくそうするように顔を引きつりながら嗚咽の混じる大きな声で話す。僕は言語障害がある人を見ると、脳の障害のせいだからと頭で分かっていても、相手が自分と同じレベルでものを考えられる人間だということを始めは実感出来ない。だから初めて会った小山内さんは「自分と同じ思考と感性を持つ人間」には見えていなかった。そう見ようとしても、見ることが出来なかったという方が正確かもしれない。そんな小山内さんが、「障害者の性」について話し出す。

「障害者が性的な快楽を求めるなんてあり得ないと言われていた時代だったから、仲間たちでラジオやスピーカーを使って音をごまかしながら、カーテン一枚隔てた施設のベッドの中でセックスをするしかなかった」

「生きていくために、女も男も口説かなきゃいけなかった。テクニックは誰も教えてくれないから、自分で考えるしかなかった。介護ボランティアの学生に惚れてしまい、料理の作り方を教えているうちに子どもの作り方まで教えてしまった」

小山内さんが笑いながら放つ言葉が、通訳者の同時タイピングによって文字になりスクリーンに映される。聞いた瞬間は緊張で思わず笑っていたが、その言葉と文字は無意識の中で僕に衝撃を与えていた。

彼女にはあって僕にはない何かがある。「自由」だ。厳密に定義すればややこしい話になるだろう。だがここではあえて定義せずに進めたい。それは生まれ持った体も生きる環境も周囲の人間も関係ない「自らの精神の自由」とでも言うべきだろうか。目の前で笑いながら話す、常に誰かに押してもらわなければ移動することさえ出来ない車いすの女性は、人生の地に足を付け、その足の指で地面の土を握りしめるように確かな日々を送っている。教室の中ではただただ圧倒されるばかりだった。

自分はどうだろうか。ガールフレンドもいれば、自分を理解してくれる友人もたくさんいる。自分が身を置いているのは、小山内さんの置かれていた状況と比べれば満ち足りていて、とても安心出来る空間だ。だけど時々思う。自分はこのまま、「今は安全だ」「今は幸せだ」とつぶやきを繰り返し、変化を求める必要など無いことを確認させられながら、静かにゆっくりと時間をかけて、殺されてしまうのではないかと。年を取るうちに、目は虚ろになり、自分が望むものが何かさえ分からなくなり、ふわふわと生き続けるだけの人生になってしまうのではないかと。

小山内さんがボランティア学生と性的関係を持ってしまった話。カーテン一枚隔ててセックスしている施設の友人のために、横でラジオをかけて音をごまかしてあげた話。福島さんが全盲ろうになった後、相手の親に内緒でガールフレンドの家にいたとき、突然父親が帰ってきたために急いで潜り込んだ押入れの中で嗅いだホコリっぽい臭いが忘れられない話。熊谷さんが小さい頃に腹這い競争で健常者の友達に負けた時に、なぜかエクスタシーを感じた話。三人ともとても生き生きと話していた。エネルギーに満ち満ちていた。それぞれの恋愛やセックスについて、恥ずかしい過去や普通なら人に話さないような内容まで、平然と、そして少し自慢げに話していた。

「このおじさん、おばさんたち、なんか人生楽しんでるな」そう思わせるオーラがあった。「なんだかよくわからないけど、この話はきちんと聞かなきゃ損をする」。教室での話は笑いを交えて語られたが、そのエピソード一つひとつの裏には、三人の生き様や覚悟を間接的に見せつけられているような気がして、聞き逃すまいと必死だった。

「自分と平等な人間」としては見られなかった目の前の障害者が、「性」というもっとも人間臭い話題の中で、みるみるうちに「人間味」を帯びてくる。教室に入ってきた時に投げかけていた視線とは全く異なる視線で見ている。人間を決めるのは、体でも環境でもなく心なのか、とふと感じた。短時間のうちに意図せず強制的に、自分の中の「人間」の幅を押し広げられる。この奇妙な感覚は、ドキドキするけれど、どこか心地よい。

目の見えなかった福島さんが、ついに耳さえも聞こえなくなり「宇宙の中に一人たたずんでいる」と痛感した時の孤独と絶望はいかほどだっただろうか。そして本人だけでなく家族や友人たちもどれほどの悔しさとやるせなさに包まれたであろうか。それでも今、福島さんは、恋に落ちた通訳者をまんまとゲットし、職権乱用だなんて気にすることなく幸せそうだ。

僕の前にいた「障害者」たちは、想像もつかないような絶望とあきらめに苛まれ、肉体的にも精神的にも檻の中で生きることを余儀なくされてきた人たちは、こんなにも自由に生きている。圧倒的なパワーと覚悟が目の前にある。

「この人たちは、僕の何倍もの自由を生きている」

小学校、中学、高校と、自分を理解してくれる家族や友人の中で「どう生きればいいのか」は周りが教えてくれた。それに従っていれば、無性に楽しい毎日とたっぷりの自信が降ってきて、「俺らしさ、って何だろう」なんてことは考える必要すらなかった。大学に入って、社会に出ても、どこへ行っても周りが「自分」を決めてくれると安心しきっていた。自分を愛してくれる場所さえあれば十分だと思っていた。

でも、東大に入って一年経った時、道に迷った。これまで付き合ってきた仲間たちとは違う仲間たちに囲まれ、新鮮な雰囲気の下で浮き足立ちながら一年を過ごしたが、最終的に構築された人間関係は思っていたものとは違った。端的に言えば、どこにも馴染めなかった。今思えば、自分の努力不足と理解不足によるものだったが、その時人生で初めて僕は「一人」になった。「お前はこう生きればいいんだ」と自分を定義してくれる人が周りにいなくなった。

どんな学生生活を過ごし、将来何を目指すのか。何に笑い、何に怒るのか。何がイケてて、何がダサいのか。それまで周りの期待に沿っていれば何も迷うことは無かったことの数々が、突然分からなくなった。怒り、喜び、悲しみ、落胆、全ての色の感情が半透明と化す。何かを感じたり、判断したりするたびに「お前は本当にそんなことを思っているのか？」と自分に問いかける日々が続いた。そこにきて、今まで自分は自分で自分の事を何も決めてこなかったのだ、と初めて気付いた。

いや、前から気付いていたのかもしれない。そのことに気付いていながらも、「友人や家族の皆の期待や価値観に沿って、愛されるような人間としてふるまうこと」を「僕らしさ」だと思っていたし、それはある意味で本当に「僕らしさ」だった。でも「期待」をしてくれ、「価値観」を提示してくれる「周り」がいなくなってしまった今、そんな「僕らしさ」はなす術無しだ。

誰かに愛されることで頑張れる、認められて初めてやるべきことがはっきりする。そんな「僕らしさ」を否定するつもりは無いけれど、もう一段上の、もっと頑強で丈夫な「僕らしさ」が必要みたいだ。周りの価値観に依存しきることのない、周りの評価に付される必要のないような自分を立ち上げる必要が。

もちろん、人間は日々色んな価値観に影響を受けながら生きているし、そもそも「自由な自分」なんて妄想の産物に過ぎないのかもしれない。それでも、僕は、もっとリアリティのある人生を生きたいと思う。生々しい、手ごたえのある日々を、自分で作り出せるようになりたい。

他人の評価を必要としなくなった後に見える世界は、どんなものだろうか。決して楽しいだけではないはずだ。喜びも悲しみも怒りも、今までと形を変えて襲い掛かってくるだろう。そして今まで僕に「リアルな」生活を与えてくれた周囲の人間に依存せず、「愛されてこそ頑張れる自分」を手放すことは、少し寂しいことなのかもしれない。今は分からない。

目を見開いて喜びも苦しみも受け入れ、手ごたえのあることを最大の幸せだと考えられるような人になりたいところではあるけれど、この原稿を書いている今でさえ「結局お前は自由なんて求めてないんだよ、楽が一番だよ」と囁いている自分もいる。結局ここまで「自由になりたい」と言い続けてきたが、なぜこの原稿を書いているのかと聞かれれば、この「自由になりたい」という想いを誰かに認めてほしいからかもしれない。そう考えると、元の構図から一歩も逃れることが出来ていない自分に笑ってしまう。

どうすればいいか。一人自室に閉じこもってパソコンを前に妄想を膨らませていても仕方がない。自分の考えを後押ししてくれる内容の本を読んで自己満足に浸っていても変わらない。街へ出て、たくさんの恥をかき、喜び、怒り、感動する機会を持つこと。そしてその度に自分の心を見つめ、考えていくしか方法は無いだろう。長い時間がかかるかもしれない。楽観的な想定とは裏腹に、自分の弱さが露わになり、途中で楽な方向へと逃げ出してしまうかもしれない。逃げ出さなくとも、そこには予想もしなかった苦しみが待っているかもしれない。

正直、自分がいま何をしたくて、どこを目指しているのか、ここまで書いてもまだ分からないことが多すぎる。あの三人を思い出す。違う時代に違う体で生きる僕が、彼らと同じ人生を歩むことは出来ないし、する必要もないけれど、十年後、二十年後、講義で僕の目をくぎ付けにしたあの三人の障害者のように、より強く「自由な自分」を生きていきたい。一歩ずつ進んでいきたい。

7

小山内 美智子
＋福島 智
＋熊谷 晋一郎

障害者の性

障害者の性が話題になることは、最近は珍しくはない。障害者が自ら語り、研究者の論文テーマとなり、ノンフィクションライターが障害者と性風俗についてルポを発表するようになった。

しかし、かつては脳性まひなどの身体障害があって生まれると、少しでも体の機能が回復するように無理な訓練やリハビリを強いられはするものの、性について語られるようなことはまずなかった。

脳性まひの身体障害者たちが自らの権利を社会に向かって主張するようになったのは一九七〇年代からである。障害児の親による無理心中が当時はよく起こり、そのたびに生き残った親に対する同情から減刑嘆願の署名集めがされた。それに対して脳性まひの当事者たちは、「母よ、殺すな!」との叫び声を上げげた。福祉の貧困さや障害者に対する偏見や差別から無理心中に追い詰められる親たちに多くの人は同情した。しかし、殺される障害児のことはどれだけ考えているのか。被害者は障害を持って生まれた我々である、という強烈なメッセージだった。

そうした当事者運動のベクトルは、養護学校ではなく地域の普通学級へ、入所施設や病院ではなく地域での自立生活へと向かう。障害ゆえに「できない」ことに目を向けるのではなく、障害者の社会参加を阻むバリアーの方に目を向け、できないことはマンツーマンでヘルパーから支援を受け、地域生活や社会参加を実現しようという考えは、障害の定義・概念の転換を下敷きに広がっていった。いわゆる障害の「医学モデル」から「社会モデル」への転換である。

障害があっても地域社会であたりまえに暮らし、あたりまえに働き、あたりまえに社会にも参加する。そして、あたりまえに恋愛し、セックスもする。そうした生き方を実践する当事者たちが出てきた。

小山内美智子さんはその草分けである。脳性まひという障害があり、自由に手足が動かず、自分で服の着脱ができず日常生活での身辺の支援を受けながら暮らしている女性だ。「車椅子からウィンク」「車椅子で夜明けのコーヒー」「あなたは私の手になれますか」などの著書で赤裸々な表現で自らのセックスについて綴り、それまでタブー視されてきた「障害者と性」を重要な社会的テーマとして築き上げてきた人である。

その小山内さんが東大駒場キャンパスにやってきた。彼女の発案で、熊谷晋一郎さんと福島智さんとの鼎談《ていだん》が実現することになった。熊谷さんは脳性まひで電動車いすを使う身体障害者であり、福島さんには盲ろうの重複障害がある。二人は東大先端科学技術研究センターの准教授、教授として働いている。

小山内さんはともかく、熊谷さんと福島さんが自らの性について語るのを私は聞いたことがない。しかも東京大学先端科学技術研究センターで研究する二人にとっては自らの職場で個人的な性体験を語るということになる。とても貴重で贅沢な企画になったことを学生たちはどこまで自覚しているのだろう。

まずは先輩格の小山内さんが体全体で声を振り絞るようにして話し始めた。

「恋愛は自分ができることを相手に教えること。わたしはボランティアの男性に料理を教えていたのですが、子どもの作り方も教えてしまった」

「施設の職員に、足でトーキングエイドで『セックスしたい』と訴えたら、まあスケベな人だと五年間も口を利いてくれなかった。私は手も足も動かない。目の前のミカンに触りたくても触れない。そういう悲しみがあるのです。でも、残された機能を使って、みんなに伝えたい。美味しいミカンを食べましょう」

笑いにペーソスを織り交ぜて自らの体験を披露する小山内さんの言葉を、学生たちは黙って聞いている。どのように反応していいのか戸惑っている感じだ。

熊谷晋一郎さんは、障害のある両手でマイクを持ちにくそうに抱えながら語った。

「リハビリで障害のある体を無理に曲げたり伸ばしたりする訓練をされるのですが、緊張する中で性的な興奮を感じました。小学校に上がる前から。ファンタジーですね」

「恋愛はまったく性的な興奮とは別ものです。顔とか見て、ああ、いい人だなあと思う。二人だけの世界作りたいなあ。二人だけの記憶を作りたいなあ、という感じから始まるような気がするのです。二人だけのことを知りたい、願わくば、私だけが知りたいと思っていたその先に、裸じゃなくても、インサート（性交）しなくてもいいんですが。言葉のやりとりをしたいというのでもいい。その延長線で、触りたい、触られたい、そのとき相手の体がどうなるのか、自分の体がどうなるのか、知りたい。恋愛とは、知りたい、排他的に分かち合いたい、触りたいとファンタジーの中で思うものです」

最後は福島さんがマイクを握った。十八歳で失聴してから音のない世界にいる福島さんは、聞こえていたころの音の記憶を頼りに声を出す。少し鼻にかかった甲高い声が教室に響いた。

「メディアでは障害者というと、とかく真面目で美しい、苦しくてもがんばる。そういう存在として扱われる。性的なものを含めて泥々した人間として語られることはなかった。いわば障害者の性は隠されてきた、抑圧されてきたんです。

見えなくなり聞こえなくなって、性欲はどうなるか。物理的なハンディキャップは、ない。みなさんは行為に及ぶときにたいてい電気を消すでしょう。私はその必要がない。見えなくても聞こえなくてもセックスはできるんです。盲ろう者というハンディキャップは性的には有利ですよ。熊谷先生は自分で服を脱いだり相手に触ったりすることがなかなか難しいと思いますが、盲ろう者の私はその点は有利です。でも、相手がいないといけない。

盲ろう者になってから、私を支える市民グループができて、大学に進学し、大学の教員にもなるわけですが、これから人生やっていこうと思えたのは、十八歳のときに恋人ができたことが大きかった。指点字を使って恋人とコミュニケーションできるようになったのが大きいのですが、それだけでは不足している。

自己肯定感ができたのは、恋人ができて性的なものがあったことが大きいと思います。ボランティアや支援者はいっぱいいるのですが、それは代わりがある。ボランティアしてくれる人や支援してくれる人にとっては、私は『支える対象』であって、私じゃなくてもいいんです。でも、恋愛は私だけなんです。性的な関係を恋人と持てた。それは、大学に行けなくてもどんな人生でもいい、今のあなたでいいと私のことを思ってくれる人ができたということ。指点字を使って恋人とやり取りをするのですが、性的快感だけじゃなく、それを突き抜けたところで、障害の有無などの属性なんてどうでもいいと思えてくる。盲ろう者でも大学教授でも、そんなことはどうでもいいと思える」

「性とは生きること」などとよく言われるが、そんな通り一遍の言葉は軽く吹きとばされてしまう破壊力が三人の話にはあった。必死になって、まさに死にもの狂いで性にしがみつく姿を滑稽に思う人はいるかもしれない。しかし、ちっぽけで、はかない人間の放つ神々しさのようなものを私は感じた。

ぶっこわしたい

今井出雲

私自身も「障害」と名のつくものを抱えている。「障害」とはなんだろうかと、なんとなくうすぼんやりと考えていたころにゼミの存在を知った。

私の本名には、「花」という字が入っていて、両親や周囲の人間は私を女性として育ててくれた。しかし、なぜだかわからないがスカートをはかされると泣いていたし、第二次性徴が始まった中学生の頃から現在まで、鏡で自分の身体を見たり生理になったりするたびに吐きそうになる。私は、最近ニュースなどで聞くことも多いであろう「トランスジェンダー」だ。

私の場合、女性としての自分の身体や社会での扱いを受け入れることができず、むしろ自分は男性だと感じているし、男性として生きていきたいと思う。私のような状態のことを、精神疾患名で「性同一性障害」「性別違和」という場合もある。「性同一性障害」や「性別違和」には個人に応じて身体治療が必要だとされていて、それが精神疾患たるゆえんだ。けれど、私は自分で障害や疾患を抱えているとは思えない。しかし、疾患または「障害」としての名づけが自分にされているのも事実だ。

それじゃあ「障害」ってなんなんだろう、「障害者」と呼ばれている人たちにはどのような人がいるのだろうか、彼らは自らの「障害」に関して、どのようなことを思っているのだろうか、などと考えたことが、「障害者のリアルに迫る」のゼミをとったきっかけだ。

学習障害をもつ南雲明彦さんの授業が終わったあと、南雲さんに話を聞きにいった。「自分のことを障害者だとは思っていない」と言っていたのが気になったからだ。もちろん不便だし苦しむことはあるが、四六時中障害者だと思って生きているわけがないし、自分なりに通常運転しているのだから、と南雲さんは話してくださった。それと同時に彼は「自分が障害だとわかったとき、ほっとした」ともおっしゃっていた。

彼の話を聞きながら、似たようなことを自分も感じるなあと思った。南雲さんが障害だとわかり「ほっとした」のもわかる気がする。自分の状態がなんなのかわからず、悶々とする日々が続いたのち、本を読み「性同一性障害」に出会った。「あ、これだ！」と、嬉しいようなほっとしたような気持ちになった。どうすればよいのかわからない混乱のなかから抜け出せたという安堵の気持ちだった。名づけがなされていると、少なくとも自分とどう向き合っていくかがわかりやすいから。

それと同時に、その名づけに違和感を覚えることもある。そもそも自分の生きたい性・生を生きていきたいだけなのに、なぜいちいち障害だの疾患だの言われなければいけないのかと疑問に思う。なぜ、社会で生きたい性を生きるのに、医者の診断がないといけないのだろう。別にお医者さんに言われなくても、自分のことはわかっているはずだ。なんだか、自分がいかにふつうではないかということを証明させられている気分になる。

私にとって、付き合っていた彼女の女性としての身体や女性的な面はあんなにも愛おしく素晴らしいと感じるのに、自らが女性として生きるのはこんなにも生きづらい。だからより生きやすい、生まれた性と異なる性を生きることは、私にとっては至極当然の自然に出てきた結論なのに、そこでなぜ障害と言われてしまうのか。ふつうに生きていきたいだけなのに。

「性同一性障害」という名づけと名のりが必要な場面が多すぎるように感じる。私は自分が病気であると思ったことはない。できれば障害であるという名のりはしたくない。しかし名づけはなされているし、必要とされているのも事実だ。

性の境界を越えようとする人にとって、男か女かどちらかを選べという性別の壁はかなり高くて厄介だ。例えば、ありとあらゆるところで目にする二者択一の性別記載欄。そのような、社会の側が勝手に設定したものがなくなれば、私が生きていく上での困りごともかなり少なくなるのではないか。生きづらいから「障害」が生まれるのであって、苦しまなくなれば「障害」とは呼ばれないはずだ。しかしそれと同時に、もやもやとした考えが浮かぶことも多い。果たして、そこまで単純なのだろうかと。

社会が変わったとしても、自分が女性の身体をもち、そこに当てはめられた「女性」とは違う性を生きたいと思うことは変わらないから、自分の違和感は残るのではないか。障害を抱えている人も同じで、いくらその障害の存在が人々に周知され社会における不便さが取り払われたとしても、「障害」であるその状態自体は変わらないことが多いのではないか。

社会が同性愛に関してどんなに「寛容」であっても、圧倒的に異性愛者が多い環境ならば、同性愛者は自身の性と感情に居心地の悪さを感じるのではないか。そうなったとき、私たちは本当にそれを「個性」という言葉だけで片付けられるのだろうか。

いくら自分で自分の生き方・自分の性に関する選択が正しいと思っていたって、日常のなかでそれをあっさり否定され続けると苦しくもなるし、自分はやっぱりおかしいんだと考えたくなる。女性に生まれたのに、生まれた性を生きられない私は病気であり異常なのだと。そう考えたほうがむしろ楽だし、実際のところそうなのかもしれない。

母に、「なんであんたのせいで私が苦しまなきゃいけないの」と言われたことがある。そりゃあお母さんのせいではないけれど、でも自分のせいでもないはずなんだ。自分が異常なのではなく、社会の側が勝手に設定した性別のせいだと、思っていたい。思っていたいからこそ、「自分の状態が障害や疾患であると思ったことはない」と強気でいつも言ってしまう。そうであってほしい。でも本当にそうなのだろうか。自分の感じているこの違和感や居心地の悪さは、社会さえ変われば解決するのか。

父に「女性」という性別で生きていくことが苦痛だから、違う性別で生きていきたいとカミングアウトをしたとき、「君の人生なんだから君の生きたいように生きればいい」と言われた。そこまで聞くと、寛容でなんて素晴らしいお父さんなんでしょう、と思うかもしれない。父が付け加えたのは「なんでそんなことをわざわざ俺に言うんだ」という言葉。

父とは基本的にとても仲がよく、私にとって父は尊敬する大切な人だ。しかし、そういう異なる人と自分とを区別して、異なる人のことは考えないという姿勢が、いろんな人が共に生きていける社会を不可能にしているのではないかと思う。

自己中かもしれないけれど、私が生きていくために父にわかってほしくて、父の助けが欲しいからカミングアウトしたのであって、「自分の生きたいように生きられるものなら、黙って勝手にそうしているだろうよ」とわがままなことを思ったりもする。父には、改名にあたって新しい名前をつけてほしいと考えている（本名と生き方が齟齬をきたし、社会生活上不便なため）。また、身体治療のことなどいろいろと相談したい。もちろん、一朝一夕で受け入れてもらえる話ではないこともわかっているつもりだけれど。結局、「個性」であるにしても「障害」

であるにしても、いろいろな人がいるのに変わりはない。だから、自分とは別の世界のことは知ったこっちゃないと言わずに、いろいろな人がまぜこぜに、互いに埋め合って生きづらさをなくしていく意識を持てる社会ができれば、生きづらさを抱える人が生きやすくなるのになあと思う。

このゼミで精神障害や知的障害、発達障害をもつ人、「精神病」と言われていた同性愛者、さまざまな生きづらさを抱える人の話を聞くことができた。いろいろな人に出会って、障害とそうではないものとは地続きであり、私の周りにも生きづらい人はたくさんいるのだということを知った。「病気」や「障害」をひとくくりにして語ってしまう私の語り口や言い方は誤解を生むかもしれないが、「健常者」との違いなんてものは、どこかが人より多かれ少なかれ飛び出てしまっていたりへこんでしまっていたりする生きづらさでしかないのだと。

それと同時に、彼らを個性という言葉で片付けることにも強い違和感を感じるのだ。そこにでこぼこがあるのなら、それをみんなで埋め合わせていこうという発想が必要なのではないかと思う。いろいろな人がまぜこぜに生きられる社会になればよいのに。「障害は個性だよね、だから大丈夫なんでしょ?」などと言われても、結局苦しむのは当事者だけだ。名づけ・名のりで思考停止するのではなく、その先へと考えを進めたい。

小山内美智子さん、福島智さん、熊谷晋一郎さんの鼎談形式での「障害者の性」の回の講義は、「性別」や「性」について考えない日はないといっていいくらい「性」に毎日のように悩まされている私にとっては、印象的な回だった。

私は、毎日大学へ向かう前には鏡を見て、「ちゃんと男にみえているだろうか」と入念にチェックする。そのとき丸いおしりや胸など女性らしい体型が完全に隠れていないと、一日ずっと服装や体型が気になって仕方ない。大学でトイレへ行きたくなっても、男女どちらのトイレに入ろうか迷う。女子トイレに入ったら通報されないだろうか、男子トイレへ入ってちゃんと男にみえるだろうか……トイレひとつでもめんどくさくて嫌になる。考え過ぎだし誰もお前のことなんか見てないよと友人は笑うけれど。確かに考え過ぎかもしれない。

今回の講義のテーマの「性」、つまりセックスや性欲・恋愛に関しても、私なりに考えることがある。私は、人を好きにもなれば、性欲もある。私がそう人に言うと、眉をひそめたり、気まずそうに目をそらしたりする人もいれば、「そうだよね！ でもお前の場合、セックスどうやってんの？」と興味津々で聞いてくる人もいる。

前者の場合、彼らはきっと、「ふつう」ではない私のような人に対して「障害」とか「疾患」

ということだけで片付けてしまっていて、そこからは想像力が働かないのだろう。彼らのなかには、「私はトランスジェンダーなんです」とカミングアウトすると、それまではふつうに話し仲良くしていたのに、カムアウト後から会ってもすごく気まずそうにそわそわしはじめる人がいて、「大変なのにすごいね、東大に受かって勉強がんばっていて」とほめてくれる。「トランスジェンダー」という言葉に惑わされて、私が実は彼らと変わらないひとりの人間であることに気づけないのだろう。私のことをなんだと思っているのだろう。私は、「大学行くのめんどくせえ」とか「あの子かわいいな」とか、くだらないことばっかり考えてるふつうの学生なのに。仕方ないことではあるけれど、やっぱり思考停止しているなあと思ってしまう。

似たような雰囲気を、「障害者の性」の回の授業のときに感じた。三人の講師の方が前に座っている。小山内さんと熊谷さんは車椅子で、福島さんは指点字で介助者の方を経由してお話ししている状況だ。私を含め受講生はそれだけでなんだか少しそわそわして、どうしたらいいかわからなくなる。講義のテーマが「障害者の性」なんだからなおのこと。障害者の恋愛やセックスのことなんてこれまで考えてもみなかった人がほとんどなのだろうから。障害者にも様々な人がいて、彼らが日々暮らしている以上、そんなこと当たり前にあるはずなのに。

私はいわゆる男性に近い自認をもっていて、その自認にたって「性」を求める。これまで付き合ったことのある人は自分を女性だと自認する女性のみだけれど、私の身体は女性だ。そのとき、なにをもってセックスというのか。一体この感情はなんなのか、なぜ人と交わりたいと思うのか。考えすぎて嫌になるくらい悩みは尽きない。

性について考えているとき、私の頭のなかで見え隠れするのは、当たり前のように通用している社会の常識や規範だ。女性が男性と恋愛をしてセックスするという規範。なぜ私は男性の身体をもっていないのに、女性を愛し欲望するのか。欲望のなかに否応無しに入ってくるのは、「男性」と「女性」が愛し合うべきだという規範だ。そこから外れてしまう私は、その規範ゆえに満たされなくて苦しい。「でもお前ってどうやってセックスすんの？」と聞いてきた友人も、女性と男性の関係だけを常識のように無意識のうちに想像していて、そこから飛び出して考えられないからそういう質問をするのではないか。私も、その常識を自分のなかで打ち破ることができないから悩んでいる。

しかし私は、性的マイノリティとして外からその規範を眺めることができる。自分の性別に疑問を感じず異性を好きになる人、つまり規範に疑問を感じず生きることのできる人は、そもそもそこに規範があることにさえ気づくのが難しいのに対して、私はその存在を日々ひしひしと感じている。だからこそ、「そんな常識や規範、ばかばかしい！」とも感じていて、性自認と身体の性別が違っていたって、同性同士だって、満たされるし愛し合えることもわかっている。さまざまな性のあり方はどれも素晴らしいし肯定したいと思っている。

それなのに、自分のなかで納得しきれていないと感じるのはなぜなのだろう。「男性と女性」とか「異性愛規範」とかが社会によって形作られた、ということを学んでも、いまいち納得できていない自分がいる。仮にそれが人為的につくられたのだとしても、つくられた以上、ある程度妥当な規範なのではないかと思ってしまうのだ。

また、「いくら手術したって自分の力だけでは子どもを産めない・産んでもらえない」と思ってしまうこともある。これはよく同性婚や同性愛に反対の意見を表明するときに使われる言葉でもあって、少し考えればすぐに、この考え方は危険なことがわかる。子どもを産むことだけが価値なのなら、不妊の男性・女性、パートナーがいても子どもを持つ選択をしない人は価値がないことになってしまう。性的マイノリティであり、「いろんな性のあり方があっていいよね」と普段から主張したがる私が、ふとそのような危険な思考に陥ってしまうのは、やっぱり頭では越えているつもりでも、男女の性の規範を越えられていないからなのだろうか。

受講生たちの前の三人は、とてもいきいきと自らの性や恋愛の経験について語っているように私にはみえた。小山内さんは介助ボランティアの学生を口説いて食ってしまった話、福島さんも通訳者の方との恋愛の経験、熊谷さんは少年のころの性癖の話など、笑いを交えながら赤裸々に語る姿にひきこまれた。もちろん「障害者」であるために抑え込まれてきたかなしさや苦しさもひしひしと伝わってくるが、それでも、まただからこそ、自らの「性」について語ろうとする三人の姿が、ゼミ全体を通してもっとも印象に残っている。

それにしても、三人はとてもいきいきしていたし、お話も純粋におもしろい。「なぜそんなにぶっとんでいて楽しそうなんですか?」と聞きたくなるくらい。

「他人の欲望を欲望していては、完全には満たされないと思うんです。自分の欲望をみつけることが、課題なんじゃないかと思います」。熊谷さんが言っていたことだ。

熊谷さんだけでなくほかの二人も、他人の欲望を真似るのではなく、自分の求める性を見つめてそこから出てきたものを手に入れているから、こんなにいきいきとしているのかなと思う。三人は、「障害者」であるがゆえの抑圧や批判、その苦しさがあるのにも関わらず、私なんかよりずっと自分の求める性を手に入れている。

性とはこういうものだ、セックスとはこういうものだ、という規範があるとして、その規範から外れてしまう人たちが少なからずいることを考えなければいけない。その規範が社会のなかで通用しているかぎり、内面化したその規範で自らの性をはかり、欲望してしまいがちだ。つまり、「健常者」の性を基準に自らをはかり、「健常者」の性を欲望してしまいがちなのではないか。そして、規範であるところの健常者の性を欲望しても、自分の障害ゆえに実現しにくい自分の境遇をむなしく感じてしまうこともあろう。それでは結局、規範に入れない人々は満たされないのではないか。熊谷先生の言うように、「他人の持っているものが欲しくて欲しくて、なかなか手に入らなくて、時間が止まってしまう」のではないか。

それは、「障害者にも健常者を模倣する権利がある」ということではない。規範から外れている人でも、「支援を受けて助けられることで規範に沿って生きる権利がある」、ということではない。人それぞれ、自分のあり方や生き方に合った、自分らしい性を生きていいのだ。「他人の欲望を欲望」してしまって、その結果満たされないのではなく、その規範から自由になって自分の欲望を欲望し、満たされるようにしていくことが大切なのではと思った。

小山内さん、熊谷さんと福島さんのように、自分自身の性と自由を手に入れられる人が増えるためには、その規範をとっぱらって、様々な価値観を認めていくことが必要だ。性別関係なく愛し愛されることが当たり前に可能であるのと同じように、自分自身が規範を越えられれば、私が私の欲望を欲望することができれば、それで私は満たされるのだろうと思うから。

「障害者」と「健常者」の双方が歩み寄って「障害」について想像力を働かせ、双方のあいだにある壁を無くしていきたい。唯一正しいとされる規範について疑い、様々な価値観を認めていくこと。それが、規範から外れがちな生きにくい人たちも共に、まぜこぜの社会で生きていくために必要なことだろうと思う。それによって、規範になんとかついていこうとする全ての人が、自分の生き方に自信を持つことができるようになるのではないだろうか。

幼い頃から、自分が「ふつう」ではないことをなんとなくわかっていて、「ふつう」から逸脱したら生きていけないと思いこんで、自分の「ふつう」でなさを隠そうと必死になっていた。人の目をいつも気にして、自分が「常識」から逸脱していることがバレないように必死だった。二十歳になって、まだまだ迷いだらけだけれど、少しは勉強したりこのゼミに参加したりして、別に「常識」だけが正しさではないと、そこから逃げたり外れたりしても生きていけるとようやく気づいた。

今は、マジョリティのためだけの規範、「当たり前」をぶっこわしたくて仕方がない。ぐちゃぐちゃでも、まぜこぜでも、デコボコでも、それでいいし、それこそが誰にとっても楽しいのだ、と信じている。

エピローグ――自らのリアルを探そう

二年前、そこからこの障害ゼミが始まった。「障害者、あるいはその傍に生きる人と一人の人間として出会い、話し、飲み食いして、友達になりたい」「社会制度とか一般論の綺麗事じゃなくて、『私』を主語に、自分自身の過去や想いを自分の言葉で語らいたい」「ここでは何を言ってもいい。空気もタブーも関係なく、たとえその発言が差別的で不当に聞こえようとも、しょうもない些末な疑問だと思えても、素直にいまの自分の考えを話してほしい」そんな想いでやっていた。

当時の私は、就職活動に失敗し留年していた。就職活動に失敗したのは、面接中に頭が真っ白になり、数分かけて話すべき言葉が見つかってから答える、ということを繰り返していたからだ。当たり前のようにあらゆる面接で落とされた。自分は言葉が遅いのだ。自分がはみ出てふるい落とされる側の人間だと痛感した。

「すぐに相手の意図を理解し、自分をわかりやすく説明しなきゃいけない感じ」「何の脈絡もなかったはずの自分の人生を、目的に沿わせて物語らなければいけない苦しさ」「相手の要求通りにうまくやれない自分は、特に存在価値もないという感覚」。

社会でうまく泳いでいけない気配を感じた私は、巧妙に適切に自分を評価する価値尺度を求めて、逃げ込むように障害ゼミの活動に傾倒した。このゼミで得たものはいくらもあるのだろうが、とにかくひたすら、楽しかった。

私はここで初めて、息を吸えた感じがしたのだ。私も、他の受講生も、「それぞれ自分にとっての意味を見出して障害に関わり、翻って、自分自身とそれぞれのやり方で向き合った」、という意味では、このゼミは成功した。

少しずつ変わりながら、私が卒業した後もこのゼミは続き、どこまで続いていくか分からないけど、本当に稀有な場が現出しているなと今でもやっぱり思う。

しかし、私はそこを卒業した。この授業に関わった人間では、一番最初に出て行った人間の一人だ。出て行った先は、会社に通う日常。福祉施設に勤めるでも、障害者雇用の分野で起業するでもなく、メーカー勤務のサラリーマンになった。

もともと障害素人で障害ゼミに関わり、その後しがない営業マンになった自分は、今どうなっているだろうか。結論から言うと、正直、よく分からなくなってきた。

「障害ってなんだっけ？」

毎朝同じ時間に起きて、バスに乗り、工場に行く。仕事を終え、スーパーかファミレスにでも寄って帰る。中学時代以来の規則正しい生活の中に、障害者はいない。いや、嘘だ。本当は、たくさんの障害者を自認する人と日々すれ違い、知らないうちに一緒に働いたりしているに違いない。でも、すれ違っていることにすら気づかないうちに、私にとって、障害は遠い風景になりつつある、という気がしてくる。

今でも、言葉が出てこない瞬間がある。そんな時はもちろん苦しい。お客さんの前で言葉につまると気まずく、余計に混乱していく。生きづらい。でも、三晩も寝たら忘れてしまうことが大半だ。幸か不幸か、その程度の生きづらさだった。その程度の生きづらさだったから、見ないふりで忘れることは簡単で、右も左も分からずあたふたと日常に追われていくうち、私は自分がどうして生きづらかったのか、忘れてしまった。

そして、一緒に働く人が、お客さんが、そして自分自身が、肩書きや立場の前に一人の人間としてどういう存在なのかということは、ただひたすら、知ろうとも知ってほしいとも思わなくなった。日常は忙しく押し寄せ、別に特に同僚や顧客を深くまで理解せずとも、当面は問題なく、そしてそこそこ楽しい。このそこそこさに腰を落ち着けるのは、とても楽ちんだった。

週一回教室に足を運ぶだけでは気づかなかったことがある。誰かと一人の人間として出会おうとするのは、正直、かなりめんどくさい。飛ぶように時間が流れていく中で、それをする余白を見つけるのは、たぶん不可能ではないにしても、難しい。

学生時代、とんでもないことをやっていたものだ。

また、その面倒くさいことをしていかなければならない。面倒だなあ。

三年前に「障害者のリアルに迫る東大ゼミ」を立ち上げた中心人物の大森創君に「あとがき」を書いてくれと依頼したら、こんな文章が返ってきた。

大森君は東京大学経済学部を卒業後、某メーカーに就職した。ゼミをやっていたころはすでに内定をもらっていた身だった。簡単なことも難解な衣を幾重にも着せるようにして熟考するタイプで、「障害者のリアル」にかなり入れ込み、このままサラリーマンになる人生でいいのだろうか……と悩んでいた。

「私と一緒に熱海で新しい福祉を起業しよう」。渋谷の崩れ落ちそうな安い居酒屋の三階で、あまりうまくもないマッコリを飲む大森君を私は誘った。

熱海でなければならない理由はないのだが、たまたま私の実家が熱海にあり、高齢化率四三・五%という日本の近未来を思わせる超高齢の街で新しい福祉の風を起こしたかった。

「……三年待ってください」。少し困ったような色を浮かべて大森君は言った。

「待てない」。会社に入って仕事をしたら、サラリーマンの人生を抜けられなくなる。初めは仕事に慣れなくてつらいことが多いだろうが、そのうち仕事をおぼえ、会社内でも頼りにされるようになり、翌年から後輩でも入ってくると、ますます居心地が良くなる。気がつけば、一〇年、二〇年、三〇年……と過ぎていき、家族ができたりすればますます冒険ができない人生になる。この私がそうだったから、よくわかる。

「入社式の日、熱海行き新幹線の片道切符を持って東京駅の八重洲口で待っている」。六割は冗談、でも四割くらいは本気だった。

実際、全国の福祉関係者が私の呼びかけに応じて熱海市で新しい福祉の風を起こそうという活動を始めてくれている。どんな展開になるのかはわからないが、今を「変えたい」と本気の情熱を持った人々がいる。その中に大森君の姿があったとしても不思議ではなかった、と今でも思う。

福祉でなくてもいいのだ。世界はこの先、想像もできないくらいに変わる。既存の価値観が破壊され、まったく新しい価値に世界が塗り替えられる日がやってくる。障害者のリアルに触発され、自らの内なる既成概念を揺すぶられている彼らが、就職とともに既成の「安定」という磁場に引きずり込まれていくのが、私にはもどかしかったのだ。

しかし、相変わらず暗がりの中で自らの思考に難解な衣を着せようとしている大森君を見ていると、なんだかうれしくなってくる自分を感じる。この妙な感じはなんだろうか。

すぐに役に立つ人は、すぐに役に立たなくもなる。今の社会にすぐに適応できる人は、自ら新しい社会を創ることなどできるはずがない。

私は自分の退屈な過去に東大生たちの若さを重ねて、勝手に焦っていたのであって、彼らの未来にある途方もない時間が見えなかったのかもしれない。その未来にはたぶん私はいないから。

障害者のリアルに触れて、混迷と苦悶の深い森の中にある自らのリアルを探そう。新しい価値で世界を塗り替えるのは君たちかもしれないのだ。

野澤　和弘

障害者のリアル×東大生のリアル――編集後記

1　「本当にこんなこと思っているの？」と聞かれても

佐藤　万理

このゼミで活動できて、本当に幸せだった。エピローグで、「このゼミで初めて息が吸えた」と大森さんが話しているが、これは、ゼミに関わった東大生のほとんどが感じたことだと思う。世の中の多くの学生と同じく、別に弱くたっていいじゃんという価値観は、何だか負け惜しみみたいな感じがして、今まで認めにくかった。私たちは勝たなくてはいけなかったのだし、負けたこともあまりなかった。小さな挫折こそあれ、たいていのことは器用にこなしてきた。それに不満などなかったけど、本当はどんどん周りの空気がなくなってきていたのかもしれない。自分が感じていた焦り、息苦しさに、このゼミで気づけた気がする。

何よりも幸せなことは、澤田と御代田とこのゼミを運営できたことだ。澤田はいつも、私のくだらない疑問を一緒になって考えてくれた。目の前の人を理解できない苦しみと、理解したいという切実な思いを共有して歩んできた。御代田はいつも、私の優等生ぶった考えに横やりを入れてきた。「本当にそう思っているの?」と聞かれてドキリとするのもしばしばだった。話し合いをしていると、そもそも自分たちは何がしたいのかという問いにぶつかることも多かった。三人ともうまく答えが出せない。だけど、「面白い授業を作ろう」という思いだけは同じだった。

授業は、最高に面白かったと自負しているが、この本はどうだろうか。ただの自己満足に終わっていないか心配な一方で、自分たちの活動は最初から自己満足なんだからいいやと開き直る自分もいる。何かに役立つわけではないが、街行く人々が無意識のうちにやり過ごしている問題に、真剣に向き合えたと思う。図らずも、東大生ということを強調した本になってしまったが、数ある「東大生本」の中でも、学生が自分の弱さとこんなにも向きあい、感情をぶつけた文章には、なかなか出会えないのではないか。優等生ぶったことばかり話している私も、最初に提出した原稿が「誰の書いたものだっけ?」と思うくらいには、自分を出したものが書けた。「本当にこんなこと思っているの?」と聞かれても、今度こそドキリとはしないだろう。

2　ただ、化学反応を文字にしたかった

御代田 太一

「この本、誰が読んでくれるんでしょうか？」。編集の打ち合わせ中、何度か野澤さんや編集者の方に聞いた記憶があります。手に取る理由や感じ取るものは、立場によって、人によって様々だと思いますが、最近流行りの「東大生」という言葉を題名に見つけて、この本を手に取る人も多いでしょう。

僕自身、自分が感じた何かが「東大生」の名のもとに消費されることに若干の躊躇《ためら》いがありました。「東大生」と「障害者」をレッテル貼りによる偏見を受ける存在として同一視する意見にも共感できませんでした。

僕はただ、このゼミで起きた化学反応のいくつかを、このタイミングで文字にしたいという思いで、原稿を書き、ほかの学生にも執筆を依頼しました。書いた後になって「やっぱり実名ではなく仮名を使ってほしい」という者も出るような、生々しい文章も含まれます。

「学生たちの過剰な自意識」「ドロドロとした過去の暴露による自己肯定」「自分の満たされない欲望の障害者やマイノリティへの勝手な投影」「ひ弱な正義感のはけ口」。ここにある僕たち学生の声は、そういった強い解釈への対抗手段を持たない、微弱で繊細な、気づきや感動のいくつかです。ですが、この本の出版を通じて、何かしらのポジティブな影響を誰かに与えられたら嬉しいです。

3　心の奥底にあるふたつの欲求

澤田　航

ありのままの思いをぶっちゃけよう。学生同士でそう話して原稿に取りかかった。とにかく腹の底から正直な思いを出そうと僕も意気込んでいた。原稿を何度も修正し、ようやく最終稿の原型が出来て「よし！　相当ぶっちゃけたぞ」と一息ついたときだった。どれどれ他の学生のも見てみよっかなー、なんて軽い気持ちで読み始めた原稿は、なかなかに大変なことになっていた。お前ら正気なのか！　そこでは、想像以上の打ち明け話が繰り広げられていた。読んでいる間に何度ショックを受けたか分からない。それだけ熱い気持ちで原稿に取りかかってくれたのが嬉しい反面、動揺も大きかった。皆いろんなことを抱えて生きているんだと実感した。それから徐々に自分の文章への自信が失われていき、まさしく「コンプレックス」を再発しかけるという状態になってしまった。元も子もない、言わんこっちゃない、という感じだ。

しかし、皆のあの原稿へのエネルギーはどこから出て来ているのだろう。ありのままでいこうとは言ったが、ここまで打ち明けてくれるとは思わなかった。やっぱり、ゲスト講師の影響力があるんじゃなかろうか。ゲスト講師は毎回、相当プライベートなことや個人的な考え、気持ちを語ってくれる。自分の内なる感情を教室中に放出する。そのインパクトに、学生は無意識的に影響を受けたんじゃないか。

人には心の奥底に秘められた欲求があるように感じる。「実は知りたい」という思いと「実は話したい」という思い。その話題がタブー視されがちであればあるほど、その欲求は大きくなる。このゼミは、「障害」というテーマを切り口に、その二つの欲求を結びつける役割を果たしているのかもしれない。いや、そうであってほしいという僕の思いだ。

編著者

野澤 和弘（のざわ かずひろ）

1959年、静岡県熱海市生まれ。

1983年、早稲田大学法学部卒業。

1983年、毎日新聞社入社。

2007年から夕刊編集部長。

2009年から毎日新聞論説委員。

2014年、東京大学全学自由研究ゼミナール「障害者のリアルに迫る」担当非常勤講師。

2019年、毎日新聞退社。

2019年から植草学園大学副学長　発達教育学部発達支援教育学科教授。

著　者

「障害者のリアルに迫る」東大ゼミ

障害当事者やその関係者の、リアルな息づかいや生活、人生に触れることを目的とした、東京大学教養学部の講義。多様な講師を招いてきた。2013年度に自主ゼミとして始まり、翌年には教養学部全学自由研究ゼミナールの正式な講義となる。講義の準備や運営は学生スタッフが担う。

障害者のリアル×東大生のリアル

編著者　野澤 和弘
著　者　「障害者のリアルに迫る」東大ゼミ

初版印刷　2016年 7月31日
7刷印刷　2022年 2月20日

発行所　ぶどう社
編集担当／市毛さやか
〒154-0011　東京都世田谷区上馬 2-26-6-203
TEL 03（5779）3844　FAX 03（3414）3911
ホームページ　http://www.budousha.co.jp

印刷・製本／モリモト印刷　用紙／中庄